D1678628

बकरी

(नाटक)

बकरी

सर्वेश्वरदयाल सक्सेना

वाणी प्रकाशन

प्रकाशन के उत्कृष्टतम 60 वर्ष

vaniprakashan.com

पेपरबैक पहला संस्करण : 2006
पेपरबैक दूसरा संस्करण : 2007
पेपरबैक तीसरा सँस्करण : 2009
पेपरबैक चौथा संस्करण : 2012
पेपरबैक पाँचवाँ संस्करण : 2015
पेपरबैक छठा संस्करण : 2021
पेपरबैक सातवाँ संस्करण : 2023

वाणी प्रकाशन

4695, 21-ए, दरियागंज, नयी दिल्ली-110 002

फ़ोन : +91 11 23273167, 23275710

शाखाएँ

अशोक राजपथ, पटना-800 004, बिहार

कॉफी हाउस कैम्पस, महात्मा गांधी मार्ग, इलाहाबाद-211 001, उत्तर प्रदेश

महात्मा गांधी अन्तरराष्ट्रीय हिन्दी विश्वविद्यालय, वर्धा-442 001, महाराष्ट्र

36/ए, शेक्सपियर सरणी, रानी बिरला गर्ल्स कॉलेज के पास, कोलकाता-700 017, प. बंगाल

sales@vaniprakashan.in
vaniprakashan@gmail.com

Bakaree
by Sarveshwar Dayal Saxena

ISBN : 978-81-8143-573-6
Play

© विभा, शुभा सक्सेना

मूल्य : ₹ 80

इस पुस्तक के किसी भी अंश को किसी भी माध्यम में उपयोग करने के लिए प्रकाशक से लिखित अनुमति लेना अनिवार्य है।

आर. टेक ऑफ़सेट प्रिंटर्स, दिल्ली-110 032 में मुद्रित

वाणी प्रकाशन का लोगो मक़बूल फ़िदा हुसेन की कूची से

इस नाटक के बारे में

यह नाटक इब्राहीम अल्काज़ी के साथ इस बातचीत के बाद लिखा गया था कि हिंदी में आम आदमी का समसामयिक नाटक नहीं है। इसके लिखे जाने पर उनके राष्ट्रीय नाट्य विद्यालय की नाट्य मंडली ने इसे दो दिन कुछ आमंत्रित लोगों के सामने खेला भी लेकिन किन्हीं अज्ञात कारणों से इसका विधिवत् प्रदर्शन नहीं किया गया। बाद में राष्ट्रीय नाट्य विद्यालय के ही एक छात्र रणजीत कपूर ने इसे लखनऊ में प्रस्तुत किया। जहाँ इसकी प्रस्तुति को राज्य की नाटक अकादेमी ने पुरस्कृत भी किया।

लिखे जाने और खेले जाने के दौरान नाटक के आलेख में रूप की दृष्टि से कुछ परिवर्तन हुए, कुछ और भी जुड़ा। राष्ट्रीय नाट्य विद्यालय और लखनऊ की प्रस्तुति में वे जुड़े हुए अंश नहीं खेले गए। इसे संपूर्ण रूप में प्रस्तुत करने के लिए आलेख कविता नागपाल ने ले लिया और इसे जन नाट्य मंच द्वारा प्रस्तुत करने का बीड़ा उन्होंने उठाया। उसी समय संयोग से *श्रीकान्त व्यास* से भेंट हुई और उन्होंने इसे तुरंत छापने में उत्साह दिखाया। फलस्वरूप इसका प्रकाशन और प्रथम बार संपूर्ण मंचन साथ-साथ संपन्न हुआ।

नाटक में अनेक रूपगत परिवर्तनों और परिवर्द्धनों के लिए लेखक कुमारी ज्योति देशपांडे, भानु भारती और कविता नागपाल का कृतज्ञ है। जिस लगन और परिश्रम से ज्योति देशपांडे ने राष्ट्रीय नाट्य विद्यालय में इसका निर्देशन किया वह लगभग अदेखा ही रह गया, यह खेद की बात है।

यह नाटक न लिखा जाता : (1) यदि हिंदी में कोई ऐसा नाटक होता जिसमें जनचेतना को लोकभाषा और लोकरूपों के माध्यम से सामाजिक अन्याय के साथ जोड़ने का एक नया व्याकरण देखने को मिलता। (2) यदि हिंदी के तथाकथित श्रेष्ठ नाटक बड़े प्रेक्षागृहों, भारी तामझाम और विद्वत् प्रेक्षक समाज के मुहताज न होते। (3) यदि हिंदी के नाटककार यशःप्रार्थी न होकर आम आदमी की पीड़ा,

आम आदमी की ज़बान में आम आदमी के बीच ले जाना हिंदी रंगमंच के लिए आज अनिवार्य मानते।

यह नाटक जितना ही गाँवों, कस्बों, मजदूर बस्तियों और स्कूलों-कालेजों में खेला जाएगा उतना ही इसका उद्देश्य पूरा होगा।

दूसरे संस्करण की भूमिका

'बकरी' के प्रथम संस्करण का छः महीने के अन्दर समाप्त हो जाना इस बात का सूचक है कि हमारे रंगजगत् का मन बदल रहा है। नाटक के प्रकाशन के साथ ही कई महीनों तक 'जन नाट्य मंच' इसे राजधानी के विभिन्न भागों में खेलता रहा। कोई पचीस प्रदर्शन इसके विश्वविद्यालय, कालेजों, कारखानों के मजदूरों के बीच, आधी रात चाँदनी चौक के चौराहे पर दुकानदारों के लिए हुए, जिनके बीच तब तक आज का नाटक नहीं पहुँचा था। चंडीगढ़ में इसके प्रदर्शन ने वहाँ के रंगजगत् में एक नई भूमिका अदा की। यह सिलसिला जोर पकड़ रहा था कि आपातूकालीन स्थिति लागू हो गई और इस नाटक का प्रदर्शन बन्द हो गया। पर सुदूर ग्रामीण क्षेत्रों में जीवन के रंगकर्मियों द्वारा यह खेला जाता रहा। ऐसा एक प्रदर्शन पटना के नौबतपुर प्रखंड के गाँव टेड़वा में 'राकेश' संस्था ने तृप्तिनारायण शर्मा के निर्देशन में किया, जहाँ यह पेट्रोमैक्स के सहारे खेला गया। कहते हैं पुलिस द्वारा पूछताछ किए जाने पर एक दूसरा ही आलेख 'बकरी' नाम से अधिकारियों को दे दिया गया जो बीस-सूत्रीय कार्यक्रम से जुड़ा लगता था। यह जेल से बचने के लिए जरूरी था। आपातूकाल की समाप्ति के बाद अब इस नाटक का खेला जाना फिर तेज़ी से शुरू हुआ है। नाट्य संसार, पटियाला, ने चंडीगढ़ में यदि ऐसी प्रस्तुति की जिसमें नट-नटी के नृत्यों का आधार क्लासिकी तथा पंजाबी लोक नृत्यों का था और गीतों में पंजाब की लोकधुनों का भरपूर उपयोग और इस तरह नौटंकी विन्यास से कटा हुआ तो ग्वालियर के रंगश्री (लिटिल बैलें ट्रुप) की प्रस्तुति में गतियों का नियोजन दूसरी तरह था। यदि यह नाटक क्षेत्रीय नाट्य रूपों में ढलने की लचक रखता है और शास्त्रीय मनःस्थिति वालों को भी ग्राह्य हो सकता है तो निश्चय ही हिंदी के भावी नाटकों की परिधि के विस्तार का रास्ता दिखाता है।

तीसरे संस्करण की भूमिका

पिछले तीन वर्षों में 'बकरी' के तीन सौ से अधिक प्रदर्शन हो चुके हैं। सर्वाधिक

प्रदर्शन 'इप्टा' बंबई ने *एम. एस. सत्यु* के निर्देशन में किए। वहाँ इसकी रजत जयंती मनायी गई। इतना ही नहीं, जहाँ यह नाटक हिंदी की बोलियों की ओर बढ़ा है यानी ब्रजभाषा, छत्तीसगढ़ी और कुमायुँनी में खेला गया है, वहाँ यह देश की प्रादेशिक भाषाओं में भी खेला जा रहा है। बंगलौर में कन्नड़ में इसकी प्रस्तुति *प्रसन्ना* ने की जहाँ भारी विवाद के बावजूद इसके प्रदर्शन हुए और हो रहे हैं। कन्नड़ में भी इसका निर्देशन एम. एस. सत्यु ने ही किया। उड़िया और गुजराती में भी यह नाटक खेला जा रहा है। मारिशस में इस नाटक के खेलने पर प्रतिबंध लगा दिया गया। अनेक स्थानों पर नाटक खेले जाने के बाद दर्शकों और कलाकारों में मुठभेड़ का कारण बना है और जमकर वाद-विवाद हुआ है। कहीं-कहीं नाटक खेलने से रोका भी गया है और रंगकर्मियों ने डटकर उसका सामना किया है और फिर और संगठित होकर इसे खेला है। पत्र-पत्रिकाओं में भी इसके प्रदर्शन को लेकर काफी विवाद हुआ है। ये तमाम घटनाएँ यह दिखाती हैं कि यह नाटक देश की वर्तमान राजनीतिक स्थिति में और अधिक सार्थक हो उठा है और इस स्थिति से टकराने वाली और मुँह चुराने वाली ताकतों का और अधिक ध्रुवीकरण कराता है। गाँधीवाद का मुखौटा लगाकर आज भी सत्ता की राजनीति की जा रही है और देश की जनता को छला जा रहा है। लेखक चाहता है कि देश की राजनीतिक स्थिति सुधरे और यह नाटक अपने निहित व्यंग्यार्थ में शीघ्र से शीघ्र असंगत हो जाए।

—सर्वेश्वरदयाल सक्सेना

नाटक के प्रकाशनोद्घाटन के अवसर पर 'जन नाट्य मंच' द्वारा 13 जुलाई 1974 को त्रिवेणी कला संगम, नई दिल्ली, की उद्यान रंगशाला में आयोजित प्रथम प्रस्तुति के पात्रों का भूमिका सहित परिचय :

नट : अनिल कुमार
नटी : कविता नागपाल
भिश्ती : अनिल कुमार
दुर्जनसिंह : पंकज कपूर
कर्मवीर : राकेश सक्सेना
सत्यवीर : मनीष मनौजा
सिपाही : सुभाष त्यागी
विपती : शैहला हाशमी/अतिया बख़्त
युवक : सफदर हाशमी

ग्रामीण जन

काका : अरुण शर्मा
काकी : अतिया बख़्त/शैहला हाशमी
चाचा : देवाशीष घोष
राम : ब्रिज सोनक
एक ग्रामीण : दीपकचन्द
दूसरा ग्रामीण : उम्मेदसिंह

□

निर्देशक : कविता नागपाल
संगीत : मोहन उपरेती
नृत्य संरचना : भगवतीचरण शर्मा

भूमिका दृश्य

[नट विद्रोही है। उसे मंगलाचरण पर यकीन नहीं। सारी मंडली मंगलाचरण गाना शुरू करती है। नट चुप रहता है। नटी के आँखें तरेरने पर वह गाता है पर उसे राजनीतिक संदर्भ से जोड़ देता है। गायन शैली : नौटंकी।]

नटी : (समवेत)

दोहा

सदा भवानी दाहिने सम्मुख रहें गणेश
पाँच देव रक्षा करें, ब्रह्मा, विष्णु, महेश।

नट : पाँच देव सम पाँच दल, लगी ढोंग की रेस
जिनके कारण हो गया देश आज परदेस।

नटी : (समवेत)

चौबोला

करूँ स्वाँग प्रारंभ आसरौ हमको मातु तुम्हारो
मझधारों के बीच भँवर में डौंगा पड़ौ हमारो।

नट : अनल कंठ में भरौ, सकल कायरता जड़ता जारौ
जन मन संशय हरौ, दैन्य, दानव, दुर्दिन संहारौ।

दौड़

मुक्ति की हो अभिलाषा, जगे समता की भाषा।

नटी : तुम्हारे पद सिर नाऊँ
अभिनव रूपनाट्य के तेरे चरनन फूल चढ़ाऊँ।

बहरे तबील

नट : ऐसा नाटक तू हम से कराए है क्या,
जिसमें आती कहीं तुक नज़र ही नहीं।
रूप के सूप में बात उड़ जाए है
सत्य क्या है, है इसकी खबर ही नहीं।

नटी : (नाराज होकर) सत्य ? क्या है सत्य ?

नट : नहीं जानती ? तब तो...

(व्यंग्य से देखता है और हाथ जोड़कर गाता है। साथ सभी गाते हैं, नटी को छोड़कर।)

वंदना

हे संकट मोचू
बना दे हमें घोंचू।
अपना सिर नोचूँ न उनका मुँह नोचूँ।
हे संकट मोचू...
किसकी रसोई में किसका कलेजा
कौन पकाए, कुछ भी न सोचूँ।
हे संकट मोचू...
हों जड़भरत हमारे श्रोता
दर्द न छलके जितना खरोचूँ।
हे संकट मोचू...

नटी : वैसे ही नाटक खेलना मुश्किल होता जा रहा है। ऐसा गीत गाकर क्या हमारी मंच से ही छुट्टी कराओगे ?

नट : नहीं भवानी, यह तो वंदना थी, मंगलाचरण। आम आदमी की हालत देखते हुए आम आदमी की ओर से।

नटी : (बात काटकर) आम आदमी को मारो गोली। ज़रा यहाँ के दर्शकों का भी तो खयाल करो। बड़े शहर के सभी पढ़े-लिखे समझदार लोग हैं। एक से एक अच्छे नाटक देखने के आदी। कुछ गठी हुई चीज़ पेश करनी चाहिए।

नट : गठी हुई चीज़ ? समझा नहीं। मतलब कहीं खरी सही बात दबा-छिपाकर कहने से ता...

नटी : हाँ-हाँ, यही मतलब है। इनकी भाषा में इसके लिए वह क्या शब्द है ? कलात्मक...सुरुचिसंपन्न।

नट : कलात्मक यानी डब्बे में डब्बा ?

नटी : (चिढ़कर) हाँ, डब्बे में डब्बा।

नट : (गाकर) डब्बे में डब्बा। उसमें मुरब्बा
फिर भी हैं चींटी, या मेरे अब्बा !

नटी : (झुँझलाकर) यह मज़ाक नहीं है। भला सच्ची बात कहे कौन मना

करता है ? पर ज़रा जबान सँभाल कर, मुँहफट होकर नहीं, गँवारों की तरह।

नट : फिर हम गँवारों के बीच जाते हैं—गँवई-गाँव में। यहाँ नहीं होगा हम से नाटक। (जाने लगता है।)

नटी : (पकड़कर) क्यों शाम चौपट कर रहे हो ? इतने भलेमानस आए हैं, कुछ तो खयाल करो।

नट : मुझसे नहीं होगा।

नटी : होगा, क्यों नहीं होगा?

नट : मुझे डर लगने लगा है।

नटी : किससे ?

नट : तुम्हारे दर्शकों से, तुमसे।

नटी : मुझसे, दर्शकों से ?

नट : हाँ, तुम लोग लगता है सरकारी आदमी हो !

नटी : झूठ, मैं केवल नटी हूँ। दर्शक केवल दर्शक। वे अच्छा नाटक देखना चाहते हैं। हम अच्छा नाटक खेलना चाहते हैं। इसीलिए तुम्हें खींचकर लाई हूँ, बहुत कविता रचते थे, जब ज़रा मंच पर आओ।

नट : यानी नाटक का जो सजा-सजाया थाल चला आ रहा है उसमें थोड़ी चटनी रख दें बस ?

नटी : अरे बाबा फार्म...फार्म में थोड़ा बदलाव। सभी बड़े नाटककार यह करते हैं।

नट : समझा, समझा। यह मुझसे नहीं होगा।

नटी : (रूठती हुई) जा मेरी तेरी ना पटनी।

नट : कैसी बनाई चटनी?

युगल गीत

जा मेरी तेरी ना पटनी
कैसी बनाई चटनी।
गाल बजाया पेट बजाया
जब से हुई छँटनी।
जा मेरी तेरी ना पटनी...
कैसी अमीरी कैसी गरीबी
प्यारी लगे नटनी।

जा मेरी तेरी ना पटनी...
थोड़ी दिलासा बाकी निराशा
सारी उमर खटनी।
जा मेरी तेरी ना पटनी...
लोकतंत्र की ले के पतुरिया
भाग गई जटनी।
जा मेरी तेरी ना पटनी...
हिंसा तेरी अहिंसा मेरी
रस्सी है बटनी।
जा मेरी तेरी ना पटनी...

(दोनों अलग-अलग और मिलकर भी गाते हैं। नटी गाने पर भाव दिखा नाचती है, नट गाते-गाते चुप हो जाता है।)

नटी : चुप क्यों हो गए ?

नट : बात फिर वहीं चली जाती है, मुझसे नाटक नहीं बनेगा।

नटी : न सही, कुछ तो बनेगा। (दर्शकों से) माफ कीजिएगा। बड़ा सिरफिरा आदमी है। इसका कोई ठीक नहीं। सीधे चल देगा। अब आप सब आ ही गए हैं। जैसा भी हो, जो भी हो, देखकर जाइए। हमने तो सोचा था कवि है तो नाटक भी लिख लेगा।

नट : क्या समझावन-बुझावन हो रहा है ?

नटी : कुछ नहीं। दर्शकों को मजा आ रहा है। शुरू करो।

नट : तुम इतनी मटक रही हो तो क्यों नहीं मज़ा आएगा ?

नटी : हाँ, इसी से तो बाक्स आफिस बनता है, शुरू करो।

नट : अच्छी बात है। तो एक मशक ला दो।

नटी : मशक ?

नट : हाँ।

नटी : (हैरत से) मशक ?

नट : (चिढ़कर) हाँ, मशक। मरी हुई बकरी की खाल जिसमें पानी भरकर...

नटी : हाँ समझ गई, समझ गई।

(नट का मुँह देखती धीरे-धीरे प्रस्थान करती है।)

पहला अंक

पहला दृश्य

[एक भिश्ती मशक लादे सड़क सींचता गा रहा है।]

बकरी को क्या पता था
मशक बन के रहेगी,
    पानी भरेंगे लोग
    औ' वह कुछ न कहेगी,
जा जा के सींच आएगी
हर एक की क्यारी,
    मर कर के भी बुझाएगी
    वह प्यास तुम्हारी।

(मंच के कोने में खड़े तीन डाकू जैसे दीखने वाले खूँख्वार आदमी उसका गाना ध्यान से सुनते और कुछ सोचते हैं। भिश्ती के प्रस्थान करते ही वे एक-दूसरे के कान में कुछ कहते हैं और गाने लगते हैं।)

मुझे मिल गई मिल गई
मिल गई रे
    मुझे मिल गई मिल गई
    मिल गई रे
मिल गई मिल गई
मिल गई रे
    मुझे मिल गई मिल गई
    मिल गई रे।

(एक सिपाही का प्रवेश।)

सिपाही : क्या मिल गया ठाकुर ?

(तीनों मगन होकर गाते रहते हैं।)

सिपाही : (हैरत से) ऐसा क्या मिल गया भाई, हम भी जानें।

(तीनों गाने में मगन हैं।)

सिपाही : क्या हूर की परी मिल गई ?

तीनों : नहीं।

(फिर गाते हैं।)

सिपाही : बड़ा माल हाथ लग गया ?

तीनों : नहीं।

(फिर गाते हैं।)

सिपाही : राजा, नवाब, सेठ, साहूकर फँस गया ?

तीनों : नहीं।

(फिर गाते हैं।)

सिपाही : सोना चाँदी की खान मिल गई।

तीनों : सोना भी मिल गया
चाँदी भी मिल गई
राजा भी मिल गया
बाँदी भी मिल गई।
मिल गई मिल गई
मिल गई रे
मुझे मिल गई मिल गई
मिल गई रे।

सिपाही : ताज्जुब है ! अरे कोई नया डाका डाला है ?

दुर्जनसिंह : होश में बात करो दीवान जी, अब हम डाकू नहीं, शरीफ आदमी हैं।

तीनों : और क्या !

सिपाही : शरीफ आदमी ! (रोने लगता है) हाय अब मेरा क्या होगा ? मेरा क्या होगा, दुर्जनसिंह।

(तीनों फिर गाने लगते हैं।)

तीनों : कुर्सी भी मिल गई
सेवा भी मिल गई

माधव भी मिल गए
मेवा भी मिल गई
मिल गई मिल गई
मिल गई रे
मुझे मिल गई मिल गई
मिल गई रे।

सिपाही : (रोता रहता है) मेरा क्या होगा ? हाय मेरा क्या होगा दुर्जनसिंह ?

दुर्जन : वही जो हमारा होगा।

सिपाही : यानी ?

दुर्जन : मज़े। (मूँछों पर ताव देता है) मज़े, खूब मज़े !

सिपाही : मज़े ?

दुर्जन : हाँ मज़े।
सुबह ओ शाम बोलेगा
मज़ा तुम से ये मिमिया कर
हमारी गली से दीवान जी
जाना न तुम आकर।
है ऐसा क्या मेरी सोहबत में
जो तुम पा नहीं सकते
छुड़ाकर हाथ दामन से
हमारे जा नहीं सकते।

सिपाही : (रिरियाकर) साफ-साफ बताओ दुर्जनसिंह। मेरी कुछ समझ में नहीं आता।

दुर्जन : ये समझने की न बातें हैं न समझाने की
उट्ठो आवाज़ सुनो बकरी के मिमियाने की।
उसकी आवाज़ के जादू को ज़रा पहचानो
सिर झुकाओ, चलो मिट्टी को भी सोना मानो।

तीनों : मुझे मिल गई मिल गई
मिल गई रे
मुझे मिल गई मिल गई
मिल गई रे।

सिपाही : (रूठकर बैठ जाता है) जाओ।

दुर्जन : दीवान जी इस तरह मत बैठो। तुम भी हमारे साथ नाचो गाओ।

सिपाही : मैं समझ गया अब तुम लोग हमें अपना नहीं मानते।

दुर्जन : यह कैसे हो सकता है दीवान जी। तुम तब भी हमारे थे अब भी हमारे हो।

तेरी किरपा के बिना, हे प्रभु मंगलमूल,
पत्ता तक हिलता नहीं, फँसे न कोई फूल।

सिपाही : बातें मत बनाओ। साफ-साफ बताओ क्या मिल गई ?

दुर्जन : (दोनों साथियों से) बता दें ?

कर्मवीर : बता दो।

दुर्जन : सच बता दें ?

सत्यवीर : बता दे, दीवान जी अपने ही आदमी हैं।

दुर्जन : तो सुनो दीवान जी।

सिपाही : हाँ।

दुर्जन : बहुत सुंदर, बहुत नेक, बहुत अच्छी (रुककर) एक तरकीब मिल गई।

दोनों : नायाब तरकीब।

सिपाही : (फिर रोने लगता है) हाय ! उससे क्या होगा। इससे तो लूटपाट करते थे वही भला था।

तीनों : उसी से सब कुछ होगा दीवान जी।

दुर्जन : हम मालामाल होंगे।

सत्यवीर : हमारी इज्जत होगी।

कर्मवीर : जनता हमारे इशारा पर चलेगी।

सिपाही : (उछलकर) मालामाल होंगे!

तीनों : शर्तिया मालामाल होंगे !

सिपाही : तब बताओ तरकीब।

दुर्जन : पहले एक बकरी ले आओ।

सिपाही : बकरी ?

दुर्जन : हाँ, हाँ बकरी।

सिपाही : पर...

दुर्जन : जो भी, जहाँ भी, जैसी भी मिले।

(सिपाही का प्रस्थान। भिश्ती का फिर मशक लिये पानी छिड़कते गाते प्रवेश।)

भिश्ती : बकरी को क्या पता था मशक बन के रहेगी,

जन्नत वो बख्श करके भी खुद नर्क रहेगी।
चुटकी में दूसरों के उसका आब रहेगा,
कल खून बहाया था आज पानी बहेगा।

(भिश्ती का गाते हुए प्रस्थान। दूसरी ओर से सिपाही का बकरी लिये प्रवेश।)

दुर्जन : शाबाश ! यह हुई न बात। अब बताइए दीवान जी यह क्या है ?

सिपाही : बकरी।

दुर्जन : किसकी बकरी ?

सिपाही : गाँव के हरिजन की।

दुर्जन : नहीं, बिलकुल गलत।

सिपाही : फिर ?

दुर्जन : यह गाँधी जी की बकरी है।

सिपाही : गाँधी जी की ?

दुर्जन : हाँ, हाँ महात्मा गाँधी की, मोहनदास कर्मचन्द गाँधी। अच्छा बताओ यह क्या देती है ?

सिपाही : दूध।

दुर्जन : नहीं। कुर्सी, धन और प्रतिष्ठा। (कुछ रुककर) अच्छा बताओ, यह क्या खाती है ?

सिपाही : घास।

दुर्जन : नहीं, बुद्धि, बहादुरी और विवेक। यह गाँधी जी की बकरी है।

दोनों : (नाचते गाते हैं)
उह करी न अह करी
गाँधी जी की बकरी,
हर किला फतह करी
गाँधी जी की बकरी,
शत्रु को जिबह करी
गाँधी जी की बकरी।

दुर्जन : दीवान जी ! ऐलान कर दो, हमें गाँधी जी की बकरी मिल गई है। लोग दर्शन करने आएँ, पर खाली हाथ नहीं।

दोनों : साथ में कुछ लाएँ, धन-दौलत, रुपया-पैसा।

सिपाही : पर लोग मानेंगे कैसे कि यह गाँधी जी की बकरी है ?

दोनों : हम मानेंगे तो लोग भी मानेंगे। अपना मन चंगा, कठौती में गंगा।

दुर्जन : यूँ समझो दीवान जी कि इस बकरी की माँ की माँ की माँ की...

दोनों : माँ की माँ की माँ की माँ की माँ की माँ की माँ की...

दुर्जन : माँ, गाँधी जी के पास थी।

सिपाही : (उछलकर) समझ गया। जब कुत्तों का खानदान होता है तो बकरी का क्यों नहीं हो सकता ?

दुर्जन : यह हुई न समझदारी की बात। दीवान जी, यह गाँधी जी की बकरी है। इसकी हम प्रतिष्ठा करेंगे।

(तीनों मिलकर एक मंडप बनाते हैं। सामान दीवान जी लाते हैं। बकरी के गले में फूलमालाएँ पहनाते हैं और उसे मंडप में प्रतिष्ठित करते हैं। मंडप पर एक साइनबोर्ड लगा देते हैं। 'लोक सेवा सदन'। साथ गाते जाते हैं।)

गायन

सोने की छत हो, चाँदी के खम्बे
जय जगदम्बे, जय जगदम्बे।
सोओ प्रभुजी, तान के लम्बे
जय जगदम्बे, जय जगदम्बे।
चाहे हो दिल्ली, चाहे हो बम्बे
जय जगदम्बे, जय जगदम्बे।

दुर्जन : दीवान जी ! अब हम जाते हैं। आप बकरी के पास किसी को फटकने न दो। कोई पूछे बोलो, यह गाँधी जी की बकरी है। हर सवाल का हल इसके पास है।

दोनों : पर जो खाली हाथ आए ?

दुर्जन : वह वापस जाए।

(तीनों जाते हैं। सिपाही अकेला रह जाता है। डंडा उठाकर गाता है।)

डंडा गीत

डंडा ऊँचा रहे हमारा
सबसे प्यारा सबसे न्यारा
डंडा ऊँचा रहे हमारा।

सुख सुविधा सरसाने वाला
शक्ति सुधा बरसाने वाला
प्रभुता सत्ता का रखवारा।

डंडा ऊँचा रहे हमारा।
इस डंडे को लेकर निर्दय
हो स्वतंत्र हम विचरें निर्भय
बोलो शक्ति प्रदाता की जय।
दीन दुःखी का ताड़नहारा।
डंडा ऊँचा रहे हमारा।

(एक गरीब औरत का प्रवेश।)

औरत : उर्र, उर्र, उर्र ! अरे मिल गई मिल गई ! हुजूर ई बकरी हमार है। इहाँ कौन बाँध लावा ?

सिपाही : बकवास बंद करो। यह गाँधी जी की बकरी है।

औरत : नाहीं, हुजूर, हम पाला पोसा है। ई हमार है।

सिपाही : तेरा दिमाग फिर गया है ? तू इसको मामूली बकरी समझती है ? यह गाँधी महात्मा की बकरी है। यहाँ से दफा हो, वरना इस बकरी को बिना खाना-पीना दिए कमजोर कर मार डालने की साजिश पर भारत सुरक्षा कानून के अन्दर तू हवालात की हवा खाएगी। इस बकरी की जो हालत तूने कर रखी है वह कितना बड़ा जुर्म है; जानती है तू ?

औरत : पर हुजूर, अभी तो हमरे घर पर रही। हम खिलाय-पिलाय के...

सिपाही : क्या खिलाया इसको ?

औरत : आज ? आज पीपल का पत्ता छोटा लरिका...

सिपाही : (कड़ककर) पीपल का पत्ता ? गाँधी जी की बकरी पीपल का पत्ता खाती थी ? फल खाती थी फल ! यह देख क्या देख रही है।

(कुछ केले के छिलके उठाकर दिखाता है।)

औरत : (घबराकर काँपने लगती है) पर हुजूर...

सिपाही : जानती है यह कितने की बकरी है ?

औरत : जमींदार साहब बीस रुपिया देत रहेन, हम नाहीं दिया, हम को, बच्चों को, जान से पियारी है। हम गरीब आदमी हैं, दुइ बखत दूध...

सिपाही : (कड़ककर) बीस रुपये ? यह पचपन करोड़ की बकरी है। भाग जा यहाँ से, नेता लोग आ रहे हैं।

(तीनों नेताओं की पोशाक पहने, टोपी लगाए आते हैं। औरत को देखकर चारों एक पंक्ति में खड़े होकर गाने लगते हैं।)

पूजा गीत

तन मन धन उन्नायक जय हे
जय जय बकरी माता !
अन्याय अहिंसा दंभ क्रूरता
भुला, करै मन चंगा,
ए बी सी डी ई एफ जी एच
क ख ग घ अंगा।
दुर्जन सज्जन आएँ।
सब तेरे गुन गाएँ
हे त्राता सुख दाता।
जय हे जय हे जय हे
जय जय जय जय हे !

दुर्जन : भाइयो, यह हमारा सौभाग्य है कि हमें गाँधी जी की बकरी मिल गई। कुछ मिलना कुछ खोना भी होता है। हम जितना खोने को तैयार रहते हैं उससे पता चलता है कि हम कितना पाना चाहते हैं। इस बकरी ने हमेशा दिया है। आपको आजादी दी, एकता दी, प्रेम दिया। आज भी बहुत कुछ देने को मुंतजिर है। पर आप लेना भूल गए हैं। क्योंकि आप देना भूल गए हैं।

कर्मवीर : जितना आप इसे देंगे उतना ही यह आपको देगी। ऐसा कुछ भी नहीं है जो इसके पास न हो। लेकिन जब सवाल मर चुके हों तो जवाब कहाँ से मिलेगा। पेट भी वही बजा सकता है जिसकी आत्मा में जान हो।

सत्यवीर : जिसकी आत्मा कमजोर हो, जिसे लालच, स्वार्थ ने घेर रखा हो, वह इस बकरी से क्या पाएगा ? भगवान के पास खाली हाथ न जाने का मतलब यही है। जो फूल लेकर जाता है वह स्वर्ग लेकर लौटता है। इसीलिए श्रद्धा देना जानती है। आप इस बकरी को जितना दें उतना कम है।

तीनों : गाँधी जी की बकरी की जय !

सिपाही : (औरत से) बोलती क्यों नहीं ?

तीनों : गाँधी जी की बकरी की जय !

औरत : (सिसकते हुए) जय।

दुर्जन : यह बकरी सबकी है। इसलिए किसी की नहीं है। इससे मोह का मतलब अपने प्रति निर्ममता है। ऐसे लोगों की दुनिया में कमी नहीं जो कहेंगे यह बकरी उनकी है। पर इतिहास को झुठलाया नहीं जा सकता।

कर्मवीर : जो इतिहास को झुठलाता है वह समाजद्रोही है, देशद्रोही है। समय उसे कभी माफ नहीं करेगा। यह युग झूठे दावों का युग नहीं है। अधिकारों का दावा करने के पहले देखना होगा कि आपके कर्त्तव्यों की बुनियाद क्या है।

तीनों : गाँधी जी बकरी की जय !

औरत : पर हुजूर ई बकरी हमार है। हम गरीब आदमी हैं, आप किसी और बकरी को गाँधी जी की बकरी बनाय लें। हमारे बच्चे एही के दूध से रूखी रोटी खात हैं। एही के सहारे हम जीय रहे हैं।

दुर्जन : ए औरत, तू कौन है ?

औरत : हम आपकी परजा हैं सरकार।

दुर्जन : परजा नहीं, लोकतंत्र में जनता जर्नादन कहो, जनता। क्या चाहती है तू ?

औरत : हम अपनी बकरी चाहत हैं हुज़ूर। ई बकरी हमार है।

दुर्जन : सत्यवीर, इसे सत्य का मार्ग दिखलाओ।

औरत : ई सच है सरकार। हमरे ही घर ई पैदा भई, हम ही एहका पाला-पोसा, रात-दिन साथ रही। बच्चों के साथ सोई, खेली, बड़ी हुई।

सत्यवीर : औरत, कबीरदास कह गए हैं 'ई जग अंधा मैं केहि समझाऊँ' ! बोल तूने इससे क्या सीखा ?

औरत : हम अनपढ़ और गरीब हैं हुज़ूर, क्या सीखें ?

सत्यवीर : इस बकरी ने तुझसे यह नहीं कहा कि पढ़-लिख, अपने पैरों पर खड़ा होना सीख। किसी का मुँह न देख। अपने बच्चों को भी इस लायक बना कि वे अपने हाथ से कमा सकें। कम से कम में घर चला। फालतू खर्च मत कर। दूसरों की सेवा कर। सच बोल त्याग कर। सबको अपना समझ...

औरत : नाहीं हुज़ूर।

सत्यवीर : फिर यह तेरी बकरी कैसे हुई ? जब इसने तुझसे कुछ कहा ही नहीं, फिर तेरी कैसे हुई ?

औरत : हुजूर हम एह की दुई-एक बात समझत हैं। हम जानत हैं, हुजूर कि ई कब खूंटे से खुलना चाहे, कब दूब चरना चाहे, कब पीपल के पत्ते खाना चाहे, कब जामुन के।

सत्यवीर : इसीलिए कह रही है तू कि यह तेरी बकरी है ? पेट से ज्यादा तूने कुछ पहचाना ही नहीं। जा चली जा यहाँ से ! तू इस लायक नहीं कि गाँधी जी की बकरी पाल सके। यह बकरी तेरे यहाँ रही जरूर पर यह न तेरी कभी हो सकी, न होगी।

सिपाही : हुजूर, भारतीय सुरक्षा कानून के अंतर्गत...

औरत : हम अपनी बकरी ले के जाएँगे।

सिपाही : औरत होश में बात कर।

औरत : होश में न का बेहोश हुई ? ई बकरी हमार है !

सिपाही : इसकी है, भाग यहाँ से।

(धकेलकर खींचता है, औरत अपने को छुड़ाती है, हाथ जोड़कर घिघियाती है।)

औरत : आप बड़े लोग हैं हुजूर। आपको एक नहीं हजार बकरी मिल जाएँगी। हम गरीब का सहारा न छीनो।

सत्यवीर : गरीबी ! (हँसता है) इस बकरी ने तुझे नहीं बताया कि गरीबी केवल मन की होती है, गरीबी केवल विचारों की होती है, दृष्टि की होती है। जानती है औरत, गाँधी जी केवल छः पैसे में गुजर करते थे।

औरत : हम नाहीं जानित हुजूर।

कर्मवीर : क्यों नहीं जानती ? यदि यह नहीं जानती तो आजाद देश में रहने का हक तुझे क्या है ?

औरत : हम देश में नहीं रहित हुजूर, गाँव में रहित है।

सत्यवीर : लेकिन यह बकरी सारे देश की है।

औरत : नाहीं हुजूर। गाँव में सब एहका पहचानत हैं, गाँव की है।

सत्यवीर : औरत, बहस मत कर।

औरत : हम बहस के लायक नाहीं हुजूर। हमरी बकरी मिल जाए, हम चले जाएँगे।

सिपाही : हुक्म हो तो इसे भारत सुरक्षा कानून, निवारक नजरबंदी कानून, अपराध संहिता की बकरी धारा के अधीन...

दुर्जन : औरत यह बकरी तुझे नहीं मिलेगी। यह तेरी नहीं है।

औरत : हुजूर एहका छोड़ दें, हमरे पीछे-पीछे न लग जाए तो जौन सजा चोर की ऊ हमरी। आपके पीछे नाहीं जाएगी हुजूर, हमरे पीछे जाएगी।

दुर्जन : गाँधी जी की बकरी तेरे पीछे जाएगी ? गँवार के !

औरत : हाँ हुजूर। बड़ी मोहब्बती है। गाँव में सबका चीन्हती है। सबके पीछे लग जाती है। सिवान के बाहर कबहू नहीं जाती।

दुर्जन : बुलाओ गाँव वालों को।

औरत : अबहिने लाइत है।

(औरत का प्रस्थान।)

दुर्जन : दीवान जी यह औरत तो बड़ी डामिस निकली।

सिपाही : तुम नाहक बहस कर रहे हो दुर्जनसिंह, अभी इसको धारा...

दुर्जन : नहीं दीवान जी, इतनी जल्दी नहीं करनी है। लोगों को मालूम होना चाहिए कि हम न्याय करते हैं। हम उनके हैं, उनके लिए हैं।

कर्मवीर : लोकतंत्र जनता का, जनता के लिए जनता के द्वारा...

दुर्जन : कर्मवीर, अब उस औरत को ठीक करने का काम तुम्हारा है। सब कुछ कानून और नियमों से होना चाहिए।

(औरत के साथ चार-छः ग्रामवासियों का प्रवेश। सभी अनपढ़, नंगे हैं।)

दुर्जन : सिपाही !

सिपाही : अब सब लोग लाइन में खड़े हो जाइए। चुपचाप। हिलिए डुलिए नहीं।

(चारों आँख मींच कर गाते हैं।

गायन

तन मन धन उन्नायक जय हे
जय जय बकरी माता !
अन्याय अहिंसा दंभ क्रूरता
भुला, करै मन चंगा
ए बी सी डी ई एफ जी एच
क ख ग घ अंगा !

दुर्जन सज्जन आएँ
सब तेरे गुन गाएँ
हे त्राता सुखदाता।
जय हे जय हे जय हे
जय जय जय हे !

दुर्जन : प्यारे भाइयो, आपने गाँधी महात्मा का नाम सुना है। हाथ उठाकर बोलिए, हाँ सुना है।

ग्रामीण : हाँ सुना है।

दुर्जन : पच्चीस साल से इस बकरी की खोज हो रही थी। सरकार का खुफिया विभाग, पुलिस, पलटन सब इसे खोज रहे थे। आखिरकार यह बकरी आपके गाँव में मिली है। यह गाँधी जी की बकरी है। गाँधी महात्मा की बकरी है। जिन्होंने आपको इस लाइक बनाया कि आप आज इस तरह शान से खड़े हैं। आपको आज़ादी दिलाई। सब लोग प्रेम से बोलिए 'गाँधी महात्मा की जय !'

ग्रामीण : गाँधी महात्मा की जय।

दुर्जन : आप लोग समझदार हैं। गाँधी जी और उनकी बकरी की महिमा जानते हैं। आप जानते हैं कि देवता का मान कैसे करना चाहिए। गाँधी जी देवता थे। उनकी बकरी किसी देवी से कम नहीं। अब आप बताइए देवी का मान होना चाहिए। या नहीं ?

ग्रामीण : (आपस में) जरूर होना चाहिए।

दुर्जन : यदि उसका मान नहीं हुआ तो क्या गाँव वालों को शांति मिलेगी ? दिल पर हाथ रखकर, भगवान का नाम लेकर बताइए, क्या शांति मिलेगी ?

ग्रामीण : (समवेत) नहीं, कभी नहीं मिलेगी।

दुर्जन : अब आप ही बताइए यह बकरी हम इस औरत को कैसे दे दें ? यह कहती है कि यह बकरी हमारी है। हम भी कहते हैं कि यह बकरी तुम्हारी है...

औरत : (बात काटकर) हुजूर बना रहें।

दुर्जन : ...और तुम्हारे साथ-साथ सारे देश की है। इस बकरी में आज भी बड़े-बड़े गुण हैं। यद्यपि इस औरत की लापरवाही से, खाना-पीना ठीक न मिलने से, मैं तो कहूँगा कि आप सबके ठीक देखभाल न करने से, यह काफी कमज़ोर हो गई है। अब यह

हमारी देख-रेख में रहेगी, पुलिस और पलटन की देख-रेख में रहेगी। इस बकरी में दैवी शक्ति है जिसे पहचानने की ज़रूरत। है आपका हर दुख, हर तकलीफ यह हल कर सकती है।

एक ग्रामीण : हुजूर गाँव में सूखा पड़ा है।

दुर्जन : हाँ, उसे भी। इस बकरी के बताए रास्ते पर चलो, खेत लहलहाने लगेंगे।

दूसरा ग्रामीण : साहब पानी एक बूँद नहीं, कहीं नहीं।

दुर्जन : पानी जमीन फोड़कर अपने आप निकलेगा।

तीसरा ग्रामीण : मालिक, महामारी फैल रही है। आदमी, मवेशी पटापट मर रहे हैं।

दुर्जन : यह इसलिए कि इस पर जुल्म हुआ है।

चौथा ग्रामीण : सरकार कुआँ सूख गया, पीने का पानी चार मील से लाते हैं।

दुर्जन : यदि यह बकरी इस औरत के पास रही तो कुआं क्या सब सूख जाएगा, आग बरसेगी, आग !

औरत : (रुआँसी होकर) यह झूठ है।

दुर्जन : अब आप फैसला करें, आप लोग कहें तो बकरी इस औरत को दे दें। फिर तबाही के ज़िम्मेदार हम नहीं। बोलिए, आप क्या कहते हैं ? बकरी शान से यहाँ सेवाश्रम में रहे या इस औरत के पास ?

एक ग्रामीण : (हाथ जोड़कर) आसरम में राखें।

सभी ग्रामीण : आसरम में राखें।

कर्मवीर : (जज की विग लगाकर) सिपाही, सार्वजनिक संपत्ति हड़पने के आरोप में इस औरत को दफा एक्स क्यू ज़ीरो के अधीन दो साल सख्त कैद की सजा दी जाती है। साथ ही पाँच सौ रुपया जुर्माना। न देने पर छः महीने की कैद बामशक्कत।

(सिपाही औरत को हथकड़ी लगाकर ले जाता है। औरत 'ई अनियाय है; जुलुम है, बकरी हमार है, तुम सबै हमार दुश्मन हो, चिल्लाती है। उसकी आवाज गाँधी जी की जयजयकार में डूब जाती है।)

दुर्जन : प्यारे भाइयो ! हमें आपकी समझदारी पर भरोसा था। अब आप यहाँ से खाली हाथ कोई न जाएँ। यहाँ से अब खाली हाथ कोई नहीं जाएगा। आपको जो मानता माँगना हो माँगें, आपकी

मनोकामना पूरी होगी। जो कुछ आपके पास है इस पर निछावर कर दें, जो कुछ है इस पर चढ़ा कर जाएँ, सच्चे मन से। आपके संकट टल जाएँगे।

(ग्रामीण एक-एक करके बकरी को दंडवत् करते हैं और कंठा-माला चढ़ाते हैं।)

कर्मवीर : (कड़ककर) इस बकरी को इन फटे चीथड़ों की दरकार नहीं। अब समझा तुम लोगों की यह हालत क्यों है। तुम लोग तहस-नहस हो जाओगे। जाओ, निकल जाओ यहाँ से।

(सभी ग्रामीण काँपने लगते हैं।)

सत्यवीर : क्या मति मारी गई है तुम्हारी ? कुछ रुपया-पैसा, सोना-चाँदी चढ़ाओ।

एक ग्रामीण : हम पचन के पास कछू नहीं सरकार, सिवाय एक बिगहा जमीन के।

सत्यवीर : यहाँ किसके पास कुछ है ? तुम लोग बकरी स्मारक निधि बनाओ। तुमसे नहीं होता; हम बनाएँगे। उसमें दान दो। जैसे भी हो, जितना भी हो। जो दान कष्ट उठाकर नहीं दिया जाता वह नहीं फलता।

कर्मवीर : इस पर सब मिलकर राय करो। निधि में काफी पैसा होना चाहिए। तुम्हारे कल्याण के लिए 'बकरी शांति प्रतिष्ठान', 'बकरी संस्थान', 'बकरी सेवा संघ', 'बकरी मंडल' बहुत-सी संस्थाएँ बनानी हैं। तभी कुछ होगा।

एक ग्रामीण : लेकिन सूखा...?

दुर्जन : वह चिंता तुम्हारी नहीं। तुम अपना कर्तव्य करो। बकरी अपना करेगी।

(सभी ग्रामीण मुँह लटकाकर चले जाते हैं। दुर्जनसिंह, कर्मवीर, सत्यवीर सबका प्रस्थान।)

(दृश्यलोप)

नट गायन

दौलत की है दरकार ए सरकार आपको;
सबको उजाड़ चाहिए घरबार आपको,
मक्कारी, ढोंग, छल, फरेब आप बाँटिए
बदले में मगर चाहिए एतबार आपको,
आदत जो पड़ गई है वो अब छूटती नहीं
कोई शिकार चाहिए हर बार आपको।

(नटी का नाचते गाते प्रवेश।)

नटी : जाल लेकर खड़े होना
न तुम पानी में,
डाल देगी यहाँ हर शय
तुझे हैरानी में।

नट : हम तो मछली के संग।
घड़ियाल बाँध लाएँगे,
जोश होता है कुछ ऐसा
भरी जवानी में।

दूसरा दृश्य

[चौपाल का दृश्य, शाम का समय, कुछ ग्रामीण चिंतामग्न बैठे हैं। एक युवक का प्रवेश।]

युवक : (व्यंग्य से) किसका मुर्दा फूँककर बैठे हो ?

एक ग्रामीण : विपती को जेहल लै गए।

दूसरा : बकरियो छीन लीन्ही, जेहलो भेज दीन्ही।

युवक : और आप आशीर्वाद लीन्ही। आपने उन्हें बकरी क्यों दी ?

तीसरा : कहिन गाँधी बाबा की है, तो हम काव करित ?

युवक : उन्होंने कहा और आपने मान लिया। काकी तुम भी चुप रहीं ?

ग्रामीण औरत : मरदन के बीच हम काव बोलित ?

युवक : ठीक है। कल को आप लोगों को भी जेहल ले जाएँगे। आज बकरी गाँधी जी की हुई, कल को गाय कृष्ण जी की हो जाएगी, बैल बलराम जी के हो जाएँगे। ये सब ठग हैं ठग...

एक ग्रामीण : ऊ हम जानित हैं...

युवक : फिर चुप क्यों रहे ? कहा क्यों नहीं कि बकरी विपती की है उसे दे दी जाए। विपती हथकड़ी पहने रोती-चिल्लाती जा रही थी। रास्ते में मैंने...

दूसरा ग्रामीण : अरे ! भगवान कै नाव लै लिहिन तो काव करित ? कहिन, बकरी नाय है, देवी है। देवी का मान होवै कै चाही, अब हम का कहित देवी कै मान न होय ?

युवक : हमारा ही जूता हमारे ही सिर ?

एक ग्रामीण : अरे, अब कौन प्रपंच करै, ऊ कहिन देवी है हम मान लिहा।

युवक : प्रपंच उन्होंने किया या आपने ?

दूसरा ग्रामीण : उनका प्रपंच ऊ जानैं, भगवान जानैं। भगवान उनका देखि हैं।

युवक : भगवान, भगवान। बस उसी की वजह से यह हालत है हमारी।

औरत : अब भगवान के न गरिआओ...

युवक : फिर किसे गरिआएँ ?

औरत : अपने भाग के, जब उहै आपन नहि...

युवक : कैसे मालूम अपना नहीं।

औरत : आपन होत तो देखते-देखते बकरियो लै लेतैं और विपती के जेहलो भेज देतैं ?

युवक : इसमें भाग्य कहाँ से आता है। आपने दे दिया, उन्होंने ले लिया।

एक ग्रामीण : हम कौन होत हैं देन वाले ?

युवक : फिर किसने दिया ?

दूसरा ग्रामीण : ऊ कहिन देवी का आसरम मा राखें। हम कहा राखौ। एह मा हमार काव कसूर ?

एक ग्रामीण : ऊह कहिन आसरम मा न रही तो अउर सूखा पड़ी, अउर आग बरसी।

औरत : महामारियो के डरवाइन।

युवक : और आप डर गए ?

एक ग्रामीण : (उत्तेजित होकर) अब डरवाइन तो काव करी ?

युवक : यह नहीं समझ में आया कि वो झूठ बोल रहे हैं ?

दूसरा ग्रामीण : (उत्तेजित होकर) समझेन, मुला झूठ ऊ बोलिन, हम तो नाहीं बोला।

युवक : बाबा आप नहीं बोले सो ठीक, पर झूठ बोलने वाले से झूठ सहने वाला ज्यादा बड़ा पापी होता है।

एक ग्रामीण : (डाँटकर) चुप रहो। चार कितबचियन के बीच बैठते हो, कानून बूकै लाग्यौ। पाप पुण्य तोहंसे ढेर हम जानित है। उनके झूठ उनके साथ जाई। हमार सच हमारे साथ। हम पचन बच्चा नहि न, जौन सिखाए चले हो।

युवक : हम तो सही बात कहते हैं काका, सिखाते नहीं।

दूसरा ग्रामीण : क्या सही है?

युवक : यही कि बकरी बकरी है, देवी नहीं। आसरम जाल है। ई सब चोर हैं, डाकू।

एक ग्रामीण : ए बचवा, इहाँ चोर डाकू के नहि न ? चोर डाकू कै फैसला भगवान के हाथ होई। हमारे तोहारे हाथ नाहीं।

युवक : काका, अब क्या कहैं। उन्होंने हमें उल्लू बनाया है।

दूसरा ग्रामीण : हमें कोई उल्लू नहीं बना सकता। हम उल्लू नहि न बनेन, ऊ उल्लू बनिन।

युवक : कैसे ?

एक ग्रामीण : मान लो बकरी गाँधी महात्मा की है। देवी है। हम देवी माना। सच्चे मन से माना। ऊ नाहीं मानिन। तो बताओ ऊ उल्लू बनिन कि हम ?

युवक : बकरी देवी हो तब न ?

दूसरा ग्रामीण : मान लो कि है। फिर कौन उल्लू बना ?

युवक : काका, उल्लू न ऊ बने, न आप। उल्लू हम बने जो आपसे इतना बहस किए।

ग्रामीण : बचवा, अब हम पढ़े-लिखे नहि न। पढ़वइया के संगौ-साथ नहि न । ऊ ठहरे बड़वार, हम ठहरे छोटवार। छोटन के कहना माने के परत है। कहना न मानै तो ठीक नाहीं। ऊ कहिन हम सिर झुकाय के मान लिहा। अब उनके करम उनके साथ। हमरे करम हमारे साथ।

युवक : हम यह कुछ नहीं जानते। हम पूछते हैं आप बकरी को देवी मानते हैं या नहीं ? साफ जवाब दीजिए ?

औरत : काहे न मानैं ? मानो तो देव नाहीं पाथर।

युवक : आप सब लोग मानते हैं ?

सभी ग्रामीण : कैसे कहैं नाहीं मानते।

युवक : (चिल्लाकर) साफ-साफ कहिए, मानते हैं ?

एक ग्रामीण : अरे हमरे कहे न कहे से काव होत है। सब कहत हैं सब मानत हैं। हम सबसे अलग थोड़े ही हैं।

युवक : मैं आसरम में आग लगाऊँगा।

दूसरा ग्रामीण : बेटा, तुम्हारा करम तुम्हारे साथ। आसरम में पुलीस है, पलटन है। ऊ बड़े लोगन की चीज है, हम छोटवार। ज्यादा सिर उठाय के हमें चलना ठीक नहीं। वैसे तुम जो चाहो करो। अपने मन के राजा हो।

युवक : मैं आज से आप लोगों को वहाँ नहीं जाने दूँगा। आप लोग वादा कीजिए, वहाँ नहीं जाएँगे।

एक ग्रामीण : हमसे काव वादा करावत हौ, हमरे तो मन वहीं बसे हैं। हम वहीं रमे हैं। जहाँ देवी वहाँ हम। अब चार दिन की उमर—गिरते पेड़

की काहे जड़ काटत हो। हम पचन की तो भली-बुरी निभ गई। दुई दिन और सही। हाँ तुम्हारा मन न परै न जाओ। आसरम में आग लगाना ठीक नाहीं बेटा। आग लगाने को बहुत दुनिया परी है, क्यों भैया ?

(सभी ग्रामीण सिर हिलाते हैं।)

युवक : बाबा, हम समझ नहीं पा रहे हैं, ई सब ठग हैं, आप सबको सीधे आदमी जान ठगी करते हैं, देश में ई ठगी बहुत चल रही है। सूखा, महामारी, अन्न-जल की तबाही सब इन्हीं लोगों की बजह से है।

दूसरा ग्रामीण : ई लोग का भगवानौ से बड़े हैं ?

युवक : हाँ, तबाही में भगवान से भी बंड़े हैं।

एक ग्रामीण : तो इनहू कै पूजो भैया, जल मा रहि के मगर से बैर ?

युवक : हाँ पूजो, पर जूते से।

दूसरा ग्रामीण : ई गरम खून है बचवा जो चहकाय रहा है। जो बड़ा बन के आया वह बड़ा बनके रहेगा।

युवक : कोई छोटा-बड़ा बन के नहीं आया। सब बराबर बन के आए।

एक ग्रामीण : ए बेटा, एक ही खेत में न सब धान एक-सा होत है, न एक बाली में सब दाना एक-सा।

युवक : लेकिन धान के खेत में सब धान ही होता है।

दूसरा ग्रामीण : खरपतवार भी होत है बेटा।

युवक : (तमतमाकर) हम खरपतवार नहीं हैं। हम भी इनसान हैं।

एक ग्रामीण : एह का कौन मना करता है ?

युवक : जो उनको बड़ा कहता है।

दूसरा ग्रामीण : बरगद, बरगद है बेटा, पीपल पीपल, रेंड रेंड। पेड़ वैसे सब हैं। तुम ठीक कहत हो...

युवक : हमने जानबूझकर अपने को छोटा बनाया है।

एक ग्रामीण : तुम्हरे मुँह में घी-शक्कर। तुम बड़ा बनके दिखाओ। छोटे मत रहो। देवी देवतन की किरपा तुम्हारे ऊपर रहे।

युवक : हमें किसी की कृपा नहीं चाहिए।

दूसरा ग्रामीण : तब देर काहे कर रहे हो ? दौड़ जाओ। बरगद से ऊपर निकल जाओ।

युवक : हमें न ऊपर जाना है न नीचे। बराबर रहना है।

एक ग्रामीण : कौनो ठिकाना नहि ना...

युवक : ठिकाना है, पर अभी आपकी समझ का फेर है।

(तेजी से निकल जाता है। सभी ग्रामीण गाते हैं।)

गायन

चिरई दाना बिन मुरझाए
मछरी पानी बिन अकुलाए,
खाए दौरत बा आपन घर दुआर हे हरि।
मानुष आपन कर्म लजाए
बैठा तीनहु लोग गँवाए
लाये नैया बीच सागर, कर दे पार हे हरि।

(दृश्यलोप)

नट गायन

धर्म, ईश्वर, भाग्य सबकी उँगलियों से घूमता
आदमी मिट्टी का लोदा चाक पर है झूमता।
नेकी, सच्चाई, शराफत धर के सब कुछ ताक पर
थोड़े नकटे भी यहाँ इतरा रहे हैं नाक पर।
एक नारा ढलता है हर नई बरबादी के बाद
आसरम ही आसरम खुल गए आज़ादी के बाद।

(नटी का नाचते गाते प्रवेश।)

नटी : ओ बेशरम, कुछ कर शरम।

नट : मत हो गरम, छोड़ो भरम।

दोनों : आओ चलो अब हम सब मिलकर, खोलें सेवा आसरम।

नट : सेवा यहाँ पर स्वार्थ है
औ' स्वार्थ ही परमार्थ है।
कोई किसी से है न कम
हैं देश के फूटे करम।

नटी : ओ बेशरम, कुछ कर शरम।

नट : मत हो गरम, छोड़ो भरम।

दोनों : आओ चलो अब हम सब मिलकर, खोलें सेवा आसरम।

तीसरा दृश्य

[दुर्जनसिंह एक बड़े बक्स पर बैठा है जिस पर लिखा है 'बकरी स्मारक निधि'। बक्स के एक कोने में एक कड़ी कीप लगी है जिसमें ग्रामीण एक-एक कर पंक्तिबद्ध आते हैं और धन डालते हैं। फिर मंडलाकार बकरी के चारों ओर घूमते हैं और पूजा गीत गाते हैं। बक्स पर थाल में चढ़ावा भी रखा है।]

समूह गान–तर्ज कहरवा

बकरी मैया तोरे चरनन अरज करूँ
गाँधी बाबा तोरे चरनन अरज करूँ
खेत न दाना
कूप न पानी
केकरे हुजूरे दरज करूँ
गाँधी बाबा तोरे चरनन अरज करूँ
बकरी मैया तोरे चरनन अरज करूँ।
घास भी राँधूँ
पात भी राँधूँ
कब तक अपना फरज करूँ।
बकरी मैया तोरे चरनन अरज करूँ।
गाँधी बाबा तोरे चरनन अरज करूँ।
उन के महलिया
सोना बरसे
जनम जनम का मैं करज करूँ
बकरी मैया तोरे चरनन अरज करूँ।
पार लगा दे नैया

ओ बकरी मैया
दोऊ कर जोड़े अरज करूँ
गाँधी बाबा तोरे चरनन अरज करूँ।

(गाते हुए प्रस्थान।)

दुर्जन : कर्मवीर ! अब इनके पास कुछ नहीं है। खुक्ख हैं साले।

कर्मवीर : फिर भी काफी चढ़ाव आ गया।

दुर्जन : हाँ, सो तो ठीक है। पर कुछ और उपाय भी...

कर्मवीर : ठीक कहते हो, दुर्जनसिंह।

सत्यवीर : उपाय बहुतेरे हैं, बस बकरी बनी रहे।

कर्मवीर : जैसे ?

सत्यवीर : मैं बकरीवाद पर भाषण देने विदेश जाता हूँ। बकरीवाद का प्रचार करूँगा।

दुर्जन : शाबाश ! बहुत अच्छा विचार है। बकरीवाद और विश्व शांति। मानवता को आगे बढ़ाने का विचार। सारा विश्व हमारा है।

कर्मवीर : हम सारे विश्व के हैं। वसुधैव कुटुम्बकम्।

दुर्जन : पर तुम कर्मवीर ?

कर्मवीर : मैं चुनाव लड़ जाता हूँ।

दुर्जन : पवित्र विचार है। जनसेवा। चुनाव जिताना, फिर मंत्री बनवाना—सब बकरी करवाएगी।

(बक्स पर हाथ मारता है।)

कर्मवीर : हाँ बकरी मैया।

(तीनों बकरी के आगे व्यंग्य से सिर झुकाते और गाते हैं।)

एक : महल दुमहले बना दे बकरी मैया।

दो : देश विदेश घुमा दे बकरी मैया।

तीन : बड़े बड़े पद ला दे बकरी मैया।

सब मिलकर : बैंक पर बैंक खुला दे बकरी मैया।
फिर जो चाहे वो गीत की तरज करूँ।
बकरी मैया तोरे चरनन अरज करूँ।

(सिपाही का प्रवेश। उन्हें गाते देखता है और जोड़ता है।)

सिपाही : पार लगा दे नैया।
ओ बकरी मैया।

दुर्जन : दोऊ कर जोड़े।

कर्मवीर : चारों कर जोड़े।

सत्यवीर : छहों कर जोड़े।

(सिपाही दौड़कर शामिल हो जाता है।)

सिपाही : आठों कर जोड़े !

सब : अरज करूँ,
बकरी मैया तोरे चरनन अरज करूँ।

दुर्जन : दीवान जी, अब तुम्हारा काम बढ़ेगा।

सिपाही : तिजोरी बढ़ती हो तो काम की चिंता नहीं।

दुर्जन : कर्मवीर को चुनाव लड़वाकर मंत्री बनवाना है।

सिपाही : बना-बनाया समझो ठाकुर। जिसके पास माया, वो मंत्री का जाया।

दुर्जन : ठीक है, पर...

कर्मवीर : पर क्या ? मैंने चुनाव चिह्न भी सोच लिया।

सिपाही : क्या बकरी ?

कर्मवीर : नहीं।

सिपाही : बकरी का सींग ?

कर्मवीर : नहीं।

दुर्जन : बकरी का थन ! समझा करो, दीवान जी।

सिपाही : (हँसता है) दूध तो थन ही से मिलता है।

दुर्जन : अब तुम लोग अपनी तैयारी करो और दीवान जी, गाँव वालों को बता दो कि यदि कर्मवीर को वोट नहीं दिया तो...खैर तुम समझदार हो, दीवान जी। सारे हथकंडे तुम जानते ही हो। तुम्हें क्या समझाना। क्या हुआ उस औरत का ? (हँसता है)

सिपाही : ढाई साल की छुट्टी हुई समझो। लेकिन ठाकुर, वो औरत छूटते ही फिर आएगी। जेल के सीखचों में भी 'मेरी बकरी, मेरी बकरी' चीख रही थी।

दुर्जन : ढाई साल ! बहुत होते हैं। उसके बाद हमें बकरी की जरूरत ? क्यों सत्यवीर ?

सत्यवीर : दो साल में घर भर न जो पाए वो है उल्लू,

कर्मवीर : इससे है अच्छा डूब मरे पानी भर चुल्लू,

दुर्जन : हम मर्द के बच्चे हैं नहीं कोई निठल्लू,

सिपाही : सर्दी में हैं बंगलौर तो गर्मी में हैं कुल्लू !

(दृश्यलोप)

नट गायन

हर ऐश करा जाएगी यह गाँधी की बकरी
हर खाता भरा जाएगी यह गाँधी की बकरी।
हर सच को हरा जाएगी यह गाँधी की बकरी।
वैतरणी तरा जाएगी यह गाँधी की बकरी।
बकरी की इसलिए सभी जय बोल कर चलो।
जो चाहो करो झिझको न दिल खोल कर चलो।
दुर्जन के साथ सबका यहाँ मोल कर चलो।
हो टेंट या तिजोरी सब टटोल कर चलो।
हर ठोस चीज में भी यहाँ पोल कर चलो।
मिल जाए शराफत तो पत्ता गोल कर चलो।
सौ खून माफ करती है यह गाँधी की बकरी
हर राह साफ करती है यह गाँधी की बकरी।

(नटी का नाचते गाते प्रवेश।)

नटी : कैसा छेड़ा है तूने तराना
हमें भी समझाना।

नट : ज़ा तेरी समझ नहिं आना
पड़ेगा पछताना।

नटी : कैसी हाँकते लंतरानी
खून भी बन गया मेरा पानी
तेरा कुछ भी नहीं है ठिकाना
करेगा मनमाना।

नट : बीते जिंदगी जिसको सहते
क्यूँ डरें हम उसे आज कहते
जल रहा हो अगर आशियाना
पड़ेगा चिल्लाना।

दोनों : जाके कह दो कि उट्ठे ज़माना।
नहीं अब घबराना।

दूसरा अंक

पहला दृश्य

[दो साल बाद। स्थान वही। पर समृद्धि का सूचक। एक कोने में कुछ बंदूकें रखी हैं। बकरी के मंडप को काली दीवारों से घेरकर ताला लगा दिया गया है, पर 'लोक सेवा सदन' की तख्ती लटकी है। कीप को बक्स में से निकाल दूरदर्शक यंत्र की तरह दरवाज़े के पास एक छेद में लगा दिया गया है। ग्रामीण पंक्तिबद्ध एक-एक कर उसमें देखते हैं।]

एक ग्रामीण : कुछ लवकात नाहीं हजूर।

सिपाही : (डी. आई. जी. की पोशाक में आराम से टाँग फैलाए) सबको नहीं दीखेगा। जिसने अच्छे कर्म किए होंगे उसी को दीखेगा।

(बारी-बारी से सब देखते हैं और कुछ न दीखने पर हताश सिर हिलाते हैं।)

दूसरा ग्रामीण : एक बाद दर्शन कराय देयं सरकार।

सिपाही : कैसे करा दें। इन दो वर्षों में दिन-रात तुम लोगों ने उसे परेशान कर दिया। अब बकरी एकांत और आराम चाहती है। तुम लोगों का चेहरा देखते ही चिल्लाने लगती है, जैसे आदमियों से उसे नफरत हो गई हो।

तीसरा ग्रामीण : एस नाहीं होय सकत सरकार।

सिपाही : तो क्या हम झूठ बोलते हैं ? देवी ने खुद कहा है। सब अपना काम करो। कर्मवीर को चुनाव लड़ने का हुक्म दिया है। उसे चुनाव चिह्न के रूप में स्वयं अपना थन दिया है। जान लो तुम

सब लोग कर्मवीर को वोट दोगे। उसी की मार्फत तुम्हारा कल्याण होगा। भाग्य खुलेंगे।

एक ग्रामीण : हुजूर, दर्शनों को नाहीं मिलेगी ?

सिपाही : (झल्लाकर) दर्शन दर्शन, वह तुम लोगों का चेहरा तक देखना नहीं चाहती। जो कहा है वो याद रखो। वोट बकरी के थन को देना है। यदि अपना भला चाहते हो तो।

ग्रामीण : पर हम पचन हाथी को...जिमींदार साहब के लरिका पढ़ि कै आवा है, ऊ पहले ही...

सिपाही : हम कुछ सुनना नहीं चाहते। अपना फैसला हमने बता दिया। यदि यह नहीं हुआ, तो खैर नहीं, पर हमें देवी प्यारी है। उसका हुक्म, हुक्म है। यदि वह कोई सजा कहेगी तो वह भी हमें देनी होगी। जो बदमाशी करेगा उसे परलोक भी भेजा जा सकता है। उसकी कृपा से हम आदमी को ठीक करना जानते हैं। पर हम अपनी मर्जी से कुछ नहीं करेंगे। सब देवी के आदेश से होगा। हम सख्ती नहीं करना चाहते। अभी समय है। खूब सोच लो।

ग्रामीण : काव सोचें सरकार, हमारे ऊपर तो दोऊ तरफ से मार है। दुई बड़कवन के बीच हम कहाँ जाएँ, काव करें ?

सिपाही : हम कुछ नहीं जानते।

(एक ओर से युवक का और दूसरी ओर से कर्मवीर का प्रवेश, बकरी के थन का झंडा लिए। सिपाही तभी हवाई फायर करता है। ग्रामीण सकपका जाते हैं।)

कर्मवीर : भाइयो, हमें आपकी कृपा चाहिए। यदि आपकी मर्जी न हो तो हम चुनाव में न खड़े हों। आप लोग बैठिए, बैठिए।

(ग्रामीण बैठते हैं।)

युवक : हमारी मर्जी कहाँ चलेगी ?

कर्मवीर : हम जन्म के ठाकुर हैं। कर्म से ब्राह्मण और सेवक हरिजनों के हैं। हमें सबका वोट मिलना चाहिए।

सिपाही : जिसे न देना हो अभी साफ-साफ कह दो। धोखे में न रखो।

(ग्रामीण चुपचाप सिर झुका देते हैं।)

सिपाही : शाबाश ! हमें तुम से यही उम्मीद थी।

युवक : हम किसी को वोट नहीं देंगे।

(सिपाही सख्त निगाह से देखता है।)

कर्मवीर : चुने जाते ही हम तुम्हारे गाँव तक की सड़क पक्की करा देंगे। सड़क पर पानी नहीं भरेगा।

युवक : (स्वगत) सब यही कहते हैं।

एक ग्रामीण : और घर में सरकार ?

कर्मवीर : उद्यम करो, घर में भी नहीं भरेगा। अच्छा भाइयो, जय हिंद। हमें दूसरी सभा में जाना है।

(ग्रामीणों का प्रस्थान। सिपाही युवक को डंडे से रोक लेता है।)

सिपाही : क्या कहता था, 'किसी को वोट नहीं देंगे।'

युवक : हाँ, किसी को नहीं।

सिपाही : क्यों ?

युवक : यह सब बेकार का नाटक है, फरेब।

सिपाही : नाटक है ? और यह नाटक कंपनी तेरे बाप खोल गए हैं। तेरे हिसाब से यहाँ सब चूतिए बसते हैं ? दुनिया का सबसे बड़ा लोकतंत्र है अपना।

युवक : और सबसे बड़ा दिखावा भी। पैसा और ताकत जिसके पास है...

कर्मवीर : जानते हो, यह बकरी मैया का आदेश है।

युवक : जानता हूँ बकरी भी आप हैं, मैया भी आप हैं, आदेश भी आप।

कर्मवीर : कुछ पढ़ा है ?

युवक : सोहबत की है, अक्षर कम कमीनगी ज़्यादा पहचान लेता हूँ।

सिपाही : ऐसी पहचान का इलाज हमारे पास है।

युवक : इलाज आपके पास हर चीज़ का है। गरीबी और अन्याय का नहीं है। बस।

कर्मवीर : नकसलवादी है क्या बे ?

युवक : उसकी तो पहचान आपके पास है। मैं असलवादी हूँ। असल बात कहता हूँ।

कर्मवीर : क्या असल बात कहता है ?

युवक : यही कि वोट, चुनाव सब मजाक हो गया है। सब झूठ पर चल रहा है। गरीबों की बकरी पकड़ कर उनसे पहले पैसा दुहा। अब वोट दुह रहे हैं, फिर पद और कुर्सी दुहेंगे।

सिपाही : यह असल अभी घुसा दूँ ?

कर्मवीर : कितना पैसा दे रहा है वह हाथी वाला...

युवक : न हम पैसे के गुलाम हैं, न ताकत से डरते हैं।

सिपाही : (एक हंटर मारकर) डरते तो बड़े-बड़े हैं। कितने आदमी का गिरोह है तुम्हारा ?

युवक : हमारा कोई गिरोह नहीं।

कर्मवीर : झूठ बोलता है। यदि अकेला होता तो इतनी आवाज़ नहीं निकलती।

युवक : जिसके आवाज़ होती है उसकी अकेले होने पर भी निकलती है।

सिपाही : तुम्हारा इलाज आसान है। चुनाव खत्म होने तक तुम जेल में रहोगे।

कर्मवीर : तोड़फोड़ की सजा जानते हो ?

युवक : कौन-सी तोड़फोड़ ? हमने कोई तोड़फोड़ नहीं की है।

सिपाही : वोट की तोड़फोड़ कोई तोड़फोड़ नहीं ?

युवक : झूठ है। हमने अपने भीतर तोड़फोड़ की, वह भी पूरी तरह नहीं। बाहर कुछ नहीं किया।

सिपाही : यह राजद्रोह है।

कर्मवीर : इसकी सजा के लिए मुकद्दमा भी जरूरी नहीं, जानता है ?

युवक : जानता हूँ। आप बकरी की पूजा इसलिए कराते हो ताकि सब बकरी बन जाएँ। मैं बकरी नहीं हूँ। किसी की बकरी नहीं बनूँगा।

सिपाही : नहीं साले तू भेड़िया है।

कर्मवीर : और भेड़िया खुला नहीं छोड़ा जाता। दीवान जी, इसे तब तक जेल में सड़ाओ जब तक बकरी न बन जाए। हथियार बरामद कराओ साले के पास से।

(सिपाही एक हाथ मारता है और बेरहमी से उसे घसीट बाहर छोड़ आता है। दुर्जनसिंह का प्रवेश। वह खादी छोड़कर कीमती कपड़ा पहने है। आते ही आराम कुर्सी पर लेट जाता है। पैर सिपाही की गोद में रख देता है। सिपाही एक जाम भर कर देता है।)

सिपाही : तमाम ह्विस्की तमाम रम
मिला करे प्रभु जनम जनम
हों संग कलेजी गरम गरम
औ' एक बाला नरम नरम।

दुर्जन : वाह, वाह दीवान जी क्या बात है ! अब तुम पक्के शायर हो गए।

सिपाही : यह शायरी मेरी नहीं। यह तो मेरे बाप-दादों के जमाने से चली आ रही है। वे अंग्रेज़ हाकिमों के साथ बड़े ओहदों पर थे। पुराना सिलसिला है हुजूर। हर ओहदेदार सिपाही इसे जानता है।

दुर्जन : जानता होगा। (एक साँस भरकर) पर तुम्हारे पुराने सिलसिले में भी जायका है। हमारा नया सिलसिला भी बेस्वाद होता जा रहा है। (कुछ डरकर)

न कोई शान बाकी है
न कुछ अरमान बाकी है
मगर फिर भी दरो दौलत पे
तेरी जान बाकी है।

(बकरी के स्थान की ओर देखकर) तो फिर, फतह कर्मवीर ?

कर्मवीर : हाँ, फतह समझो। चिड़ी के बच्चे चूँ भी नहीं कर सकते। सब हमें वोट देंगे। सिरफिरों को ठिकाने लगा दिया गया।

सिपाही : अब भी जिस पर शुबहा होगा वो घर से नहीं निकलने पाएगा।

दुर्जन : और यदि निकल गया तो...

सिपाही : बचकर नहीं जाएगा।

कर्मवीर : शाबाश ! बोलो...

(अचानक नट का प्रवेश, गाता है।)

नट : लोकतंत्र ज़िंदाबाद ज़िंदाबाद
तुमसे जात-पात है आबाद
फिरकापरस्ती है तुझसे शाद,
धर्म और संप्रदाय
भाषा क्षेत्रवाद आय
कुचलकर खड़े हैं इत्तहाद
लोकतंत्र ज़िंदाबाद ज़िंदाबाद।

(नट का प्रस्थान। नटी खींच ले जाती है।)

सिपाही : जब तलक हाथ में बंदूक है,

कर्मवीर : जब तलक दिल में उठती हूक है,

दुर्जन : तब तलक माफ भूलचूक है।

तीनों एक साथ : गोली बोले धाँय धाँय
जनता बोले कायँ कायँ
नेता बोले भाँय भाँय

हर गली में साँय साँय
तुझसे है यही मेरी फरियाद
लोकतंत्र ज़िंदाबाद ज़िंदाबाद।

(कर्मवीर का झंडा लिये गाते हुए प्रस्थान।)

दुर्जन : चुनाव जीतने पर एक बड़ा भोज होना चाहिए।

सिपाही : होगा। ज़रूर होगा।

दुर्जन : विशेष भोज। बहुत खास, समझे। (बकरी की ओर देखकर)

मगर फिर भी दरो दौलत पर
तेरी जान हाज़िर है।

सिपाही : (कुछ सोचता है) समझ गया।

दुर्जन : दावत 'बकरी सेवा संघ' की ओर से होगी।

सिपाही : जी हाँ।

दुर्जन : सभी बड़े अधिकारी, मंत्री आएँगे। आखिर कर्मवीर के साथी होंगे।

सिपाही : ज़रूर।

दुर्जन : इनमें कौन ऐसा है जो बकरी-भक्त न हो।

बकरी का नाम लेके बना हर विधान है।
बकरी के नाम पर चला सारा जहान है।

सिपाही : (खड़े होकर सलूट मारता है) सर, चिज्ज खातिर चिज्ज अइलस, चिज्ज खइलस चिज्ज। उहै चिज्ज चिज्ज रही कि और आई चिज्ज ?

दुर्जन : मतलब ?

सिपाही : मतलब यह सर, कि बकरी के लिए मसाला आया। बकरी ने मसाला खा लिया। अब उसी मसाले से काम चलेगा कि और मसाला आएगा ?

(दोनों ठठाकर हँसते हैं।)

दुर्जन : देखो दीवान जी।

सिपाही : सर, अब मैं डी. आई. जी. हूँ।

दुर्जन : पर हमारे लिए वही दीवान जी हो। दीवान जी में जो दीवानगी का चटखारा मिलता है वही मुझे अच्छा लगता है। तुम्हारी दीवानगी की बानगी हम पहले ही देख चुके थे। हम उसी के मुरीद हैं। तो दीवान जी, चिज्ज वही रहती है। मसाला हर ज़माना अपने-अपने पसन्द का इस्तेमाल करता है। अभी तो मसाला हमारी

पसंद का होगा। समाजवादी मसाला। जिस मसाले को बकरी ने खा लिया वह तो बकरी के खून में गया। बकरी के खून से हमें क्या मतलब ? फिर तुम तो जानते हो हम लोग अहिंसावादी हैं, खून से दूर भागते हैं।

सिपाही : फिर, सर यह दावत...

दुर्जन : शाकाहारी दावत कही जाएगी। गाँधी जी की नेक पवित्र बकरी निरामिष ही मानी जाएगी।

मिमियाने में भी जिसके है
देवत्व की वाणी
उसकी रगों में होगा ही
अमरत्व का पानी।
सहने को जोर जुल्म
जिसे राजी जानिए
वह गोश्त भला कैसे
उसे भाजी मानिए।

दीवान जी, बकरी अहिंसावादी होती है। छुरा फिरवा लेगी। गोश्त तो जंगली सूअर का होता है। चपेट में आ गए तो स्वर्ग दिखा दे। हम सब शाकाहारी हैं। बकरी शरणम् गच्छामि।

(सिपाही बकरी खोलकर ले जाता है, मंच पर धीरे-धीरे पूरा अँधेरा छा जाता है।)

(दृश्यलोप)

नट गायन

जिसकी लेते हैं शरण उसको ही खा जाते हैं लोग,
जिसका थामा हाथ, उसका ही लगा जाते हैं भोग,
मुँह से निकला नाम, जैसे पेट से निकली डकार,
वह भी मजबूरी हो जैसे, वह भी ज्यूँ बेअख्तियार,
जिसका झंडा हाथ में है वह समाया पेट में,
जिसका डंडा हाथ में है वह समाया पेट में,
पेट ही बस पेट निकल आ रहा है देश का,
कोई बतलाए भी आकर क्या करूँ इस क्लेश का।

(नटी का नाचते गाते प्रवेश।)

नटी : मंजीरा ढोल बजाओ
चलो कुछ नाचो-गाओ
दिखाओ कर रहे हैं धंधा हम भी पेट का।

नट : उचक्के इतने सारे
निकलते मुँह अँधियारे
भरोसा किसको रह गया है अपनी टेंट का।

दूसरा दृश्य

[एक जुलूस नारे लगाता आता है, 'जीत गया भाई जीत गया, बकरी वाला जीत गया', कर्मवीर ज़िंदाबाद। जुलूस कंधों पर कर्मवीर को बैठाए मंच की परिक्रमा करता है। फिर चला जाता है। कुछ ग्रामीण रह जाते हैं। युवक का दूसरी ओर से प्रवेश]

युवक : कहो काका जिता दिया ?

एक ग्रामीण : सब रामजी की माया है। तुम जेहल से छूट के आय गए बचवा ?

युवक : हाँ, एक और जेहल में।

दूसरा ग्रामीण : और कौन जेहल, बच्चा ?

युवक : आप लोगों का अज्ञान जेहल ही है, अब ये जीत के और लूटेंगे, पहले बकरी का नाम लेकर लूटते थे अब आपका ही नाम लेकर लूटेंगे।

तीसरा ग्रामीण : हमारे पास लूटे को काव धरा है ?

पहला ग्रामीण : बाढ़ आई सब बह बिला गवा। गाँव में एक छप्पर भी नहीं बचा।

दूसरा ग्रामीण : सूखा पड़ा ऐसन कि अन्न का एक दानौ नहीं।

युवक : बकरी मैया की कृपा से खेत नहीं लहलहाए; पानी जमीन फोड़कर नहीं निकला ?

तीसरा ग्रामीण : कहूँ कछू नाहीं, हमरै अभाग।

(विपती का चीखते हुए प्रवेश।)

विपती : खा गए, हाय उसे खा गए। (युवक को देखकर जोर से रोने लगती है) अब हम काव करी बाबू।

युवक : क्या हुआ विपती ?

विपती : अबहिने हम देखा, सिपाही ओहका कसाई जस सहर लिहे जात रहा, ऊ चिल्लात रही।

एक ग्रामीण : ऊ आसरम में होई ?

युवक : अब न वह होगी और न आसरम होगा। अब आसरम की उन्हें क्या जरूरत है, जो पाना था पा गए।

दूसरा ग्रामीण : एस नाही होय सकत।

तीसरा ग्रामीण : आसरम में जरूर होयगी अस जुलुम नाही होय सकत। कौनो और बकरी होई जेहका सिपाही लिहे जात होई, तू चीन्ह्य नाहि न।

विपती : अरे ! हम अन्हरौ होय गएन। ऊ कसाई, तू सब कसाई। अब हम काव करी !

(रोने लगती है।)

पहला ग्रामीण : चलो चलिकै देख त्यो।

दूसरा ग्रामीण : कहूँ, देखै देत है ?

तीसरा ग्रामीण : मुला ई तो पता चलि जाई कि आसरम में है कि नाही।

(ग्रामीणों का प्रस्थान। विपती और युवक एक कोने में रह जाते हैं। मंच पर उन्हें छोड़कर शेष अँधेरा छा जाता है। कल्पना दृश्य : दूसरे कोने पर वही नंगे ग्रामीण बकरी का स्थान उठाए खड़े हैं। हरहराती बाढ़ की आवाज़। वे स्थान को और ऊँचा उठाते जाते हैं जैसे पानी चढ़ता जा रहा है। फिर स्थान के चारों ओर अनाज के बोरे लाकर पटकते हुए। सूखे का प्रभाव अचानक दृश्य निस्तेज होने लगता है। वे सिर झुकाए खड़े दीखते हैं। दृश्य के साथ गीत चलता रहता है।)

गायन

कौन कसूर भइल हमसे मैया
बिरवा गइल मुरझाय हो,
सींचत सींचत उमर सिरानी
नेकु नहीं हरिआय हो।
आपन खून पसिनवा न साथी
अंसुअन केहि पतिआय हो।

(कल्पना दृश्य लोप। ग्रामीणों का मुँह लटकाए मंच पर प्रवेश। सब चुपचाप आकर खड़े हो जाते हैं।)

विपती : (कातर दृष्टि से देखती है। कोई उससे आँख नहीं मिलाता) तुम सब कसाई हो।

पहला ग्रामीण : अब, अब दुख न करो। दूसरी बकरी कै जतन कीन्ह जाई।

विपती : खवैया कम हैं ? उहौ कौनो खाय लेई।

युवक : अब भी कुछ समझे आप लोग ? आप लोगों ने बकरी को देवी माना। बाढ़ में सारा गाँव बह जाने दिया पर आसरम को नहीं डूबने दिया। गाँव की जमीन खोद-खोदकर आसरम की जमीन ऊँची करते रहे। सूखा पड़ा, खुद भूखे रहे, घर का अनाज आसरम को दे आए। आसरम में दावतें उड़ती रहीं, खुद भूखों मरते रहे। फिर उन्हीं लुटेरों को कंधों पर बिठाकर देश की बागडोर थमा आए। अब भी कुछ समझे आप लोग ?

(ग्रामीण सिर झुकाए खड़े रहते हैं।)

युवक : बोलते क्यों नहीं ? आप इन्हें लुटेरा मानते हैं या नहीं ? इनके कहे में आकर अपने गलती की या नहीं ? इनके लिए अपना सब कुछ गँवाकर आपने पाप किया या नहीं ?

(ग्रामीण चुपचाप खड़े रहते हैं।)

विपती : अरे ई का बोलि हैं। इहौ कसाई हैं, कसाई। हम अपनी बकरी लै के रहेंगे।

युवक : उसके लिए तो शहर तक जाना पड़ेगा। हो सकता है अभी वह सलामत मिल जाए।

विपती : चलो बाबू हम चलित है।

युवक : आप लोग चलेंगे या पत्थर की तरह खड़े रहेंगे ?

(ग्रामीण एक-दूसरे को देखते हैं और बिना कहे उसके पीछे चल देते हैं।)

(दृश्यलोप)

नट गायन

जिस धूल से शहरों में मची रगरेलियाँ
जिन छप्परों के बल पे खड़ी हैं हवेलियाँ
उस आदमी को आदमी वो मानते नहीं
जब काम निकल जाता है पहचानते नहीं,
उसकी बिवाइयों से चला रेलगाड़ियाँ
उसके ही चीथड़ों से पहन सूट साड़ियाँ
उसके ही पेट पर जला के जश्न का चिराग,
कहते समाजवाद है 'ओ देश जाग जाग।'

तीसरा दृश्य

[भोज का दृश्य। शेरवानी में एक गुलाब लगाए एक बड़े नेता और उनके साथ एक नेत्री आती है। सब खड़े हो जाते हैं। बाहर दो पुलिस के आदमी बंदूक लिये तैनात हैं।]

दुर्जन : बहुत कम लोग यह जानते हैं, आज हम जो हैं वो किसकी बदौलत ? किसने हमें जनसेवा की ओर लगाया ? हमारी आँखें खोलीं ? हमें सही रास्ता दिखाया ? किससे हमने हमेशा प्रेरणा ली ? अपना कर्तव्य किया और आगे बढ़े। हमने खून पसीने से इस धरती को, इस देश की धरती को सींचा है और ऐसी घास उगाई है जो हमेशा हरी-हरी रहेगी और युगों तक चरे जाने पर भी खत्म नहीं होगी। (सभी लोग तालियाँ बजाते हैं।) आज ऐसे मौके पर जब हमारे सपने कुछ साकार हुए हैं हम उसे सम्मानित करना नहीं भूल सकते जिसकी बदौलत हम यहाँ हैं।

(सिपाही भिश्ती को लेकर आता है। घुटने तक तहमत बाँधे, सिर पर गाँधी टोपी लगाए, पीठ पर मशक। कुछ-कुछ झलक गाँधी जी जैसी।

दुर्जन : बाबर ने, नहीं माफ कीजिएगा हुमायूँ ने, जान बचाने पर एक भिश्ती को एक दिन के लिए शहंशाह बना दिया था। हम गरीब देश के गरीब सेवक हैं, शहंशाह नहीं। हमारे पास राजपाट कहाँ। फिर भी हम कृतज्ञता स्वरूप इस भिश्ती को एक नई खाल, एक नई मशक के लिए भेंट करते हैं।

(सिपाही खाल लेकर आता है और वह भिश्ती को दे दी जाती है।)

दुर्जन : कभी इस भिश्ती की आवाज़ में ताकत थी। इसकी आवाज़ ने हमें रास्ता दिखाया था, बेहतर बनाया था। हमारा खयाल है इसकी आवाज़ में अभी भी कुछ असर हो सकता है। ऐ भिश्ती गाओ...

सभी लोग : गाओ...गाओ !

(सिपाही डंडे से भिश्ती को ठेलता है। भिश्ती गाता है।)

भिश्ती : बकरी को क्या पता था मशक बन के रहेगी
अपने खिलाए फूलों से भी कुछ न कहेगी।
उसके ही खूं के रंग से इतराएगा गुलाब
दे उसकी मौत जाएगी हर दिल अजीज़ ख्वाब।
चाहे वो ढोल किया हो, मदारी हो या किरदार
चमका के चली जाएगी हर इक का रोज़गार।

सिपाही : (एक लात मारकर उसी की धुन से धुन मिलाता है)
जा भाग यहाँ से बना फिरता है चोबदार !

(भिश्ती खाल लिए जाने को मुड़ता है।)

दुर्जन : कुछ और गाओ भिश्ती। क्या वही पुराना राग अलापते हो।

भिश्ती : हमें तो यही आता है सरकार। लड़का हमारा जरूर कुछ नया सीखे है।

दुर्जन : बुला लाओ उसे। इस उत्सव के मौके पर नई पीढ़ी को जरूर हम सुनेंगे।

(भिश्ती का प्रस्थान।)

दुर्जन : यह मारा सौभाग्य है कि कर्मवीर जी भारी बहुमत से संसद के लिए चुन लिए गए हैं। हमारी उनसे प्रार्थना है कि वे इस मौके पर...

(कर्मवीर खड़ा होता है। सब तालियाँ बजाते हैं।)

कर्मवीर : आप सब आए, यह हमारे लिए खुशी की बात है। यह धरती एक चरागाह है जिसकी घास जितना ही रौंदो उतना ही पनपती है। हमें यकीन है कि हम आप सब मिलकर इस हरियाली को खत्म नहीं होने देंगे। अपने-अपने चौपाये खुले छोड़ दीजिए। चरें, मस्त रहें। फिक्र की कोई बात नहीं। कभी-कभी लगता है कोई अकेला नहीं जीतता। एक की जीत सब की जीत होती है। सब

एक साथ जीतते हैं। सब एक साथ खड़े होते हैं, एक साथ लड़ते हैं। (तालियाँ) इससे लड़ाई आसान हो जाती है। चौपाया अपने जबड़े से घास नहीं कुतरता। दाँत होते ही इसलिए हैं कि काटते चबाते समय गिना न जाए। खुशी की बात है कि अभी हम गिन नहीं रहे। इसलिए खुशियों की कमी नहीं। खाने के सामान की भी कमी नहीं है। कभी-कभी कमी हो जाती है। घास सूख जाती है। यह चरागाह का धर्म है। इसकी पहचान हमें रखनी है। शुरू कीजिए, उस हरियाली के नाम पर जो हमारी है और रहेगी (तालियाँ) उस दाँत के नाम पर जो, काटते समय गिनते नहीं, चाहे वे बकरी के ही क्यों न हों। (तालियाँ) दो ही नियम हैं, दाँत तेज़ और मज़बूत हों, घास हरी और कोमल हो, फिर धरती चरागाह से ज्यादा कुछ नहीं हो पाएगी। शुरू कीजिए, इस जनता, इस चरागाह के नाम पर...

(लोग खाना शुरू करते हैं तभी भिश्ती का लड़के के साथ प्रवेश।)

दुर्जन : यही है तुम्हारा लड़का, भिश्ती ?

भिश्ती : हाँ हुजूर।

दुर्जन : (दूसरों को खाने की प्लेट बढ़ाता है) गाओ लड़के, कुछ फड़कता हुआ गाना।

(सब खाने लगते हैं। लड़का गाता है। उसके साथ और लोग आकर शामिल हो जाते हैं।)

बकरी हमको बना दिया
बकरी की में-में ने।
सब कुछ सहना सिखला दिया
बकरी की में-में ने।
छोटी से छोटी रस्सी से भी
हर खूँटे के साथ
बँधकर रहना सिखला दिया
बकरी की में-में ने।
काँटों में लगी पत्तियां भी
खाने के लिए

दर-दर फिरना सिखला दिया
बकरी की में-में ने।
इक टहनी के इशारे पर
हर कसाई के साथ
चुप-चुप जाना सिखला दिया
बकरी की में-में ने।
सींगें भी हैं चलने वाली
छुरी के वास्ते,
यह तक हमको भुलवा दिया
बकरी की में-में ने।
लाला जी औ' नेता जी सब के
ऐश-ओ-जश्न में
बोटी-बोटी कटवा दिया
बकरी की में-में ने।
हर ढोल बज रहे हैं
हमारी ही खाल के
फिर भी यह सुर मिलवा दिया
बकरी की में-में ने।

दुर्जन : (खाते हुए) यह क्या में-में लगा रखी है !

युवक : (गरजकर) अब यह में-में नहीं होगी। बाँधो इन लुटेरों को। इन्कलाब ज़िंदाबाद।

(सभी उन्हें घेरकर रस्सों में बाँध देते हैं।

(दुर्जन समेत सभी) अरे ! अरे यह क्या हम तो सेवक हैं भाई, जन सेवक। हम पर दया करो।

(सब गाते हैं। नट नटी आगे आ जाते हैं।)

दिन में दो रोटी के हों जब देश में लाले पड़े
हों सभी खामोश सब की जबां पर ताले पड़े,
दिल दिमाग औ' आत्मा पर इस कदर जाले पड़े,
सूखे की शतरंज नेता खेलें दिल काले पड़े।
तोंद अड़ियल पिचके पेटों पर चलाए गोलियाँ,
हर तरफ फिर न निकलें क्रांतिकारी टोलियाँ

फिर बताओ किस तरह खामोश बैठा जाए है
अब तो खौले खून रह-रहकर जबां पर आए है–
बहुत हो चुका अब हमारी है बारी,
बदल के रहेंगे ये दुनिया तुम्हारी !

(समाप्त : पर्दा)

नाटक : लोक-संवेदना का रंग

सर्वेश्वर की काव्यात्मकता में नाट्यात्मकता की स्थिति के दर्शन निरंतर होते हैं। सच कहा जाए तो जीवन की नाटकीय-संवेदना के प्रति उनके कवि-मन में गहरा लगाव है। जीवनानुभवों को रचनात्मकता में ढालते सर्वेश्वर नाटकों में संशोधित और परिष्कृत होते हैं। एक ऐसी ज्ञान-व्यवस्था इस कृतित्व में स्थायी रूप से निवास करती है जो जीवनानुभवों और तर्कसंगत निष्कर्षों के आधार पर बनती है। यह अकारण नहीं कि उनकी कविताओं के बिंब प्रकृति, किसान-वेदना और राजनीति से आते हैं। उनका रचनात्मक स्वभाव ही ऐसा है कि भोगनेवाले प्राणी और रचनेवाले प्राणी के बीच पार्थक्य नहीं है। जीवन की सघन-प्रगाढ़ अनुभूतियाँ शिराओं के खून को खौलाती हैं और सृजन-प्रेरणा की शक्ति से विवश रचनाकार संवेदनात्मक-विचारात्मक, ज्ञान-व्यवस्था को नये-नये रूपों में गुंफित करता है। विशेष बात यह भी है कि सर्वेश्वर अपने व्यक्तित्व का इस्तेमाल तभी कर पाते हैं जब वे ओट में रहकर किसी पात्र के माध्यम से व्यवस्था के नरक पर चोट करते हैं। उनके नाटकों में लोक-शैली के गीत और संवाद भी उनके अंतर्मन का कवित्व सामने लाते हैं। जिनमें एक ईमानदार चिंतक और देश-प्रेमी मौजूद रहता है। प्रत्यक्ष जीवनानुभवों की सीधी घुसपैठ जैसी उनके नाटकों और निबंधों में होती है, वैसी उनकी कविताओं में नहीं। कविता में उनका जीवनानुभव अनेक स्तरों पर पककर और छनकर उतरता है।

अनेक नाट्य-प्रस्तुतियों के लंबे समय तक धैर्यवान प्रेक्षक बनकर सर्वेश्वर ने यह अनुभव ज्ञान प्राप्त कर लिया था कि हिंदी नाटक की सर्वाधिक सर्जनात्मक संभावना को लोकनाट्य-शैली के सार्थक प्रयोगों से ही सामने लाया जा सकता है। नये नाटककार को अपनी नाट्य-परंपराओं, रंग-पद्धतियों, प्राविधियों के साथ पूरे मन से जुड़ना चाहिए। पश्चिमी रंग-परंपराओं में प्रयोग तो हो सकते हैं, पर उन प्रयोगों में लोक-मन का जुड़ाव-रचाव नहीं हो सकता। नाटक अपनी भूमि पर ही पनपता है। उसकी पूरी चेतना में संस्कृति-विशेष की कलाओं की प्रेरणा-प्रभाव शक्ति सक्रिय रहती है। इसी दृष्टि से सर्वेश्वर ने अपने नाटकों को पश्चिमी प्रयोग-चक्र में नहीं पड़ने दिया। खूब सोच-समझकर उन्होंने भारतीय रंगमंच की लोक-नाट्य-शैली

वाली जड़ों से अपना नाता जोड़ा। यह नाता उन्हें रामलीला, कृष्णलीला, स्वांग-प्रहसन-नौटंकी की लोक रंग-परंपरा से मिला था। यह संस्कार इतना प्रबल पड़ा कि पश्चिमी रंगमंच का सर्वेश्वर ने सहारा नहीं लिया।

रूपक उत्साही प्रयास से कमजोर पड़ा है। उस समय के राजनीतिक माहौल में 'बकरी' का प्रदर्शन चर्चा का केंद्र रहा। देश-भर में इस नाटक के अनगिनत प्रदर्शन हुए तथा भारतीय भाषाओं में रातोंरात अनूदित होकर यह नाटक खेला गया। इस अकेले नाटक ने सर्वेश्वर को हिंदी नाटककारों की प्रतिष्ठित पंक्ति में स्थान दिला दिया। इस नाटक को लेकर आज यह शंका उठाई जाने लगी है कि एक समय विशेष में अपनी प्रासंगिकता को सिद्ध करने वाला यह नाटक अप्रासंगिक हो गया है। लेकिन इस तरह की शंका निराधार है क्योंकि राजनीतिक नेताओं और पुलिस का चरित्र आज भी बहुत कम बदलता है और गरीब औरत की बकरी डाकू झपट रहे हैं। जब तक डाकू बकरी को झपटते रहेंगे तब तक यह नाटक प्रासंगिक रहेगा।

'बकरी' नाटक ग्रामीणों की बोली और बानी का, उनकी यथार्थ समस्या का नाटक है। विपत्ति के द्वारा रंग-कर्म की मूल-प्रकृति को सही संदर्भ में तराशा गया है। फारसी रंग-शैली और नौटंकी शैली के घोल से यह लोक-नाटक तैयार हुआ है। नट-नटी-नर्तन, नगाड़ा, गायन, नौटंकी की लोकप्रिय धुनें, भजन-कीर्तन-गजल-कव्वाली, फिल्मी धुन की छौंक सभी का मुरब्बा नाटक में तैयार किया गया है। पारसी रंग-विधाएँ, उसी ढंग की अभिनय-कला, तुकबंदी, तान भरी भाषा, पद्यात्मक-संवाद, चमत्कारी वक्रोक्तियाँ और लय भरी अभिव्यक्ति की अदाकारी ने नाटक को सदाबहार रूप दिया है। नट-नटी के संवाद और गीत समकालीन स्थिति एवं परिस्थिति पर व्यंग्य की धारदार नोक से प्रहार करते हैं। कुल मिलाकर यह बड़ा ही नुकीला नाट्य-प्रयोग है। राष्ट्रीय गान तक को यह नाटक बकरी माता के जय-जय गान में बदलकर व्यंग्य करता है। 'झंडा ऊँचा रहे हमारा' तथा 'रघुपति राघव राजाराम' को कवि ने सृजनात्मक कल्पना से एक नया सटीक एवं सार्थक अर्थ-टोन दे दी है। नाटक के संगीत नृत्य में पाठक मग्न रहता है और जटिल प्रतीक सहजता से खुलने लगते हैं। राजनीतिक ढाँचे की पोल-पट्टी को न केवल उधेड़कर दिखाया गया है; बल्कि उस समाज का विकृत चेहरा भी उभारा गया है जो आजादी के दो दशकों के बाद बना है। नाट्य-संवेदना की ताजगी और राजनीतिक व्यंग्य की मार के कारण 'बकरी' स्कूल-कॉलेजों, सड़क-चौराहों पर धूम मचाता रहा है। सच बात यह है कि इस नाटक ने हिंदी नाटक और रंगमंच को नवीन जमीन दी है।

'बकरी' नाटक की भारी लोकप्रियता के बाद सर्वेश्वर ने दूसरा नाटक लिखा—'लड़ाई'। हम एक अर्थ में 'लड़ाई' को नाटक कहते हैं—कारण, यह उनकी प्रसिद्ध कहानी पर आधारित है। सर्वेश्वर की कहानी 'लड़ाई' इतनी प्रसिद्ध हुई थी कि इससे प्रभावित होकर ओम शिवपुरी ने अपने निर्देशन में इस कहानी का मंचन

किया। मंच-प्रस्तुति में कहानी के कहानीपन को खंडित करने का प्रयास निर्देशक ने नहीं किया। विशेष बात यह थी कि स्वयं सर्वेश्वर इस कहानी को रेडियो नाटक के रूप में आकाशवाणी से प्रस्तुत कर चुके थे। इतना ही नहीं 'लड़ाई' कहानी का रेडियो नाट्य रूपांतर कई भाषाओं में उत्साह के साथ आकाशवाणी के केंद्रों से प्रसारित किया गया। रंगकर्मियों के पास मोहन राकेश की उस कहानी का अनुभव था जिसके भीतर से 'लहरों के राजहंस' जैसा जटिल संरचना का नाटक उभरा था। मोहन राकेश के नाटकों की अर्थ एवं व्यंजना-शक्ति तो सर्वेश्वर के पास नहीं है, पर नाट्य-प्रयोग का 'अरमान' है। सर्वेश्वर ने कहानी में कोई मौलिक परिवर्तन नहीं किया। लड़ाई का थीम समकालीन ज्वलंत प्रश्नों में धधकता मिलता है। एक प्रकार से यह 'बकरी' के थीम का संशोधन-संपादन एवं विस्तार है। स्वतंत्रता के बाद हम सब अपने स्वार्थों की पूर्ति के लिए अपने-अपने मोर्चे पर लड़ रहे हैं, लेकिन इस लड़ाई में दमखम नहीं है। पूरा सामाजिक-राजनीतिक परिवेश और परिदृश्य इस लड़ाई को कमजोर कर रहा है। यह स्थिति पूरे देश के लिए दुःखद है। इसी भयावह स्थिति का चित्रण यह नाटक करता है। नाटककार को 'लड़ाई' में यह विश्वास है कि ''इस ट्रेजेडी का अनुभव करना संगठित प्रयास की ओर बढ़ना है।'' कहना न होगा कि यह नाटक सर्वेश्वर की प्रतिबद्धता का नाटक है—'प्रतिबद्ध नाटक'।

सत्य के लिए लड़ने वाला सत्यव्रत ही इस नाटक का केंद्रीय पात्र है, पर उसका चरित्र आवेश से उभरता है। आवेश सर्वेश्वर के काव्य की कमजोरी है और नाटक की भी। इसी आवेश ने आंतरिक प्रतिबद्धता को खरे मूल्य में नहीं बदलने दिया। नाटक के बारह-तेरह दृश्य 'लड़ाई' को सफल करते हैं, पर नाट्य-अन्विति के अभाव में नाट्य-प्रभाव बिखर जाता है। हर जगह सत्यव्रत लड़ाई लड़ता है—पर बात बनती नहीं। गीतों एवं संवादों में 'बकरी' वाली कला गायब है। नाटक के आरंभ और अंत में 'उद्घोषक' का प्रयोग जमता नहीं है। सर्वेश्वर का यह नाटक 'बकरी' की तुलना में कमजोर है। पता नहीं किस आत्म मोह में सर्वेश्वर यह कहते रहे हैं कि ''इसे लेखक का पहला नाटक माना जाए।'' *(लड़ाई—भूमिका)* क्यों माना जाए जबकि यह 'बकरी' के बाद का नाटक है। हाँ, यह सच है कि लड़ाई अपनी अनेक नाट्य-दुर्बलताओं के बावजूद हिंदी नाटक के क्षेत्र में नये ढंग का प्रयोग है। इस नये प्रयोग की असफलता में ही इस नाटक की सफलता को पाया जा सकता है। कुछ भी हो, सर्वेश्वर पश्चिमी रंगमंच के जाल से हिंदी रंगमच को मुक्त करने के आकांक्षी रहे हैं। उनका यही 'अरमान' सच्चे अर्थों में 'बकरी' और 'लड़ाई' जैसे नाटकों में उभार पर है। आम आदमी की बोली-बानी, गीत-लय में नाटक रचने के पीछे सर्वेश्वर की लोक-चेतना का रंग है और रंग इन नाटकों की सृजनात्मक-शक्ति है। सर्वेश्वर का रचनाकार-व्यक्तित्व कविताओं की भाँति इन नाटकों में भी अपने

सामाजिक दायित्व के प्रति सजग है। यह सजगता ही इन नाटकों के प्रति पाठक को निरंतर सतर्क रखती है।

'अब गरीबी हटाओ' (1979) नाटक में सर्वेश्वर ने पूरी सत्ता व्यवस्था पर व्यंग्य किया है। इस नाटक का मंचन 'रंगपीठ' द्वारा आइफैक्स हाल, नयी दिल्ली में 12 जनवरी, 1981 को हुआ था और दर्शक इस नाटक के विचार पक्ष से बहुत प्रभावित हुए थे। आम जनता के लिए लिखे गए इस नाटक में झूठी जुमलेबाजी नहीं है। ''दरअसल यह नाटक सदियों से व्यापक अपमान और शोषण की चट्टान के नीचे पिसते हुए साधारण जन की पीड़ा के चरम क्षणों का बहुत प्रामाणिक मूर्तिकरण है।'' पूरा नाटक मानवीय तकलीफ की चट्टानों से टकराता रहता है। नाटककार की शैली में व्याप्त काव्यात्मक संवेदना ने 'कथ्य' को प्रभावान्विति में समर्थ बनाया है। यह नाटक इस सच्चाई को उघाड़कर रख देता है कि ''शहरी आधुनिक रंगमंच जन-चेतना से कितना विच्छिन्न और दूर है। जब तक हमारा रंगमंच एक व्यापक समाज की पीड़ाओं-संघर्षों, विसंगतियों या विडंबनाओं को संवाद प्रस्तुति और प्रस्तुतिकरण की नयी पद्धतियों की खोज में प्रवृत्त नहीं करता तब तक वह अधूरा है। सर्वेश्वर के इस नाटक में रंगमंच की अनेक संभावनाएँ हैं, केवल कल्पनाशील निर्देशक चाहिए। इस नाटक के मंचन के लिए पुतलों की परिकल्पना भानु भारती तथा संगीत ब.व.कारंत ने दिया था और नाटक की रूप अवधारणा निर्देशन भानु भारती ने किया था। लोक-शैली और लोक-लय के साथ व्यंग्य की ठसक ने नाटक में प्राण डालने का कार्य किया है।

सर्वेश्वर का नाटक 'हवालात' तीन लड़कों और एक पुलिस वाले की क्रिया-प्रतिक्रिया का नाटक है। बर्फीली तूफानी रात में ठिठुरते तीन लड़के हवालात में जाने को आतुर हैं, पर वह भी नसीब नहीं है। भारतीय पुलिस के सिपाही का सच्चा चरित्र नाटक में सामने आता है। नाटक में यह वाक्य गूँजता रहता है कि ''पर वह हमें हवालात क्यों ले जाता? हमारे पास देने को एक दमड़ी जो नहीं थी।''

'हिसाब-किताब' सर्वेश्वर का अंतिम नाटक है। मास्टर जी, सेठ, जोकर, बच्चे, नौकरशाही, पूँजीपति, बुद्धिजीवी तथा 'देश का भविष्य' ऐसे पात्र हैं जो उस व्यवस्था पर चोट करते हैं जिसमें बच्चों तक का खाना स्वार्थी, हृदयहीन तत्त्व डकार जाता है। यह दो दृश्यों का नाटक है और प्रभाव में बेहद कमजोर।

सर्वेश्वर के समय में नुक्कड़ नाटक की आँधी उठी। इस आँधी में कौन समर्थ-असमर्थ नाटककार नहीं बहा। इसी परिवेश में सर्वेश्वर ने एक नुक्कड़ नाटक लिखा—'मर गया जे जाओ।' यह नाटक 'बोली' में लिखा है और एक औरत की लाचारी में उसके पति के मरने की व्यथा का बिंब है। गरीब आदमी के लिए मरना तो जिंदा रहने से भी ज्यादा महँगा है। विवश औरत प्रधानमंत्री को व्यथा सुनाना चाहती है पर कौन सुनता है। यह पूरा नुक्कड़ नाटक गरीबी की 'हाय...हाय' पर केंद्रित है।

इसी बीच सर्वेश्वर जी ने एक नृत्य-नाटिका लिखी 'होरी धूम मच्यो री'। इस नृत्य नाटिका में कृष्ण, मनसुखा, राधा, ललिता तथा अन्य गोप-गोपियाँ हैं। नाटिका का आरंभ उल्लासमय मादक संगीत से होता है। होली का रीतिकालीन परिवेश उमड़ता है और कवि पद्‌माकर के वसंत वर्णन से 'कूलन में केलि में कछारन में कुंजन में' दृश्य भराव पाता है। रीतिकालीन कवियों के कवित्त सवैया का रंग नृत्य नाटिका में उमड़ता है और राधा-कृष्ण की रंग-लीला का प्रगाढ़ संसार पाठकों के चित्त में आनंद-राग का संचार करता है। दरअसल, सर्वेश्वर में प्रेम के प्रति गहरी पुकार है और उसे पाने के लिए ही चातक मन रखते हैं। इसी मनोभूमिका का विस्तार 'रूपमती बाज बहादुर' नामक नाटिका में हुआ है। माण्डव के सूने महलों के बीच रात में रूपमती की डोलती आत्मा और बाजबहादुर का अशरीरी प्रवेश होता है। इस लोक-कथा में सर्वेश्वर जी ने नर्मदा की पूजा करता रूपमती का पिता दानसिंह भी दिखाया है। पूरी नाटिका में गीत-गायन का अद्‌भुत थिरकता लोक है। सर्वेश्वर ने हिंदी में 'नृत्य नाटिका' को नये रूप में सँवारा है और इस परंपरा को आगे बढ़ाने का संकेत भी दिया है।

सर्वेश्वर ने 'रेडियो रूपक' भी कम नहीं लिखे हैं। उनके रेडियो रूपकों में 'पीली बत्तियाँ', 'चाँदी का वर्क', 'दो चीनी औरतें', 'यहाँ हम एक हैं', 'बर्फ ने कहा', 'राजकीय सूक्ष्म यंत्रशाला', 'धूलिया', 'रामकृष्ण परमहंस', 'पाँच मिनट का नाटक' तथा 'वे क्या सोचते हैं' उल्लेखनीय हैं। इन सभी रेडियो-रूपकों की प्रधान विशेषता है कि समस्या या प्रश्न को सहज भाषा में संप्रेषित करने की क्षमता। यही क्षमता सर्वेश्वर के दो एकांकी नाटकों में भी दिखाई देती है—'बुद्ध की करुणा' और 'सत्यवादी गोखले'। सर्वेश्वर के समय तक एकांकी-लेखन का प्रचलन लगभग बंद हो गया था। इस दौर के सभी नाटककारों ने बहुत कम एकांकी लिखे।

यही वह दौर है जब हिंदी-नाटक और रंगमंच का ध्यान बच्चों की ओर गया। बच्चों को रंगकर्म में लगाकर ही स्वस्थ रंग-दृष्टि का विकास किया जा सकता है—यह बात 'समझदार रंगकर्मी' दुहराने लगे। बड़े रचनाकारों ने बच्चों के लिए कविताएँ-गीत-प्रहसन लिखना शुरू किया। इसी माहौल में सर्वेश्वर जो कि अपने दो बच्चों के लिए माता-पिता दोनों का दायित्व निभा रहे थे उन्होंने पाँच प्रसिद्ध बाल नाटक लिखे—'कल भात आएगा', 'हाथी की पों', 'अनाप-शनाप', 'भों भों खों खों' तथा 'लाख की नाक'।

प्रौढ़ों के लिए नाटक लिखने के साथ ही सर्वेश्वर बच्चों के लिए बाल नाटकों का सृजन करते हैं। प्रायः हम बच्चों के लिए नाटक लिखने में कतराते हैं—जबकि बच्चों के लिए नाटक लिखना-खेलना जरूरी कार्य है। बड़े रचनाकर्मी बच्चों के लिए सहज-भाव से नाटक लिखें—यह किसी भी साहित्य का सौभाग्य होता है। ध्यान देने की बात यह है कि सर्वेश्वर के समय तक बाल-रंगमंच नाममात्र को विकसित हुआ था। उनका मन था कि बच्चों की प्रकृति-स्वभाव, प्रवृत्तियों को समझकर नाटक

लिखे जाएँ और इसी मनोभाव से भरकर वे बाल-नाटक लिखने में प्रवृत्त हुए। शैली का ताजा रंग, जीवन की विविधता और समसामयिक स्थितियों का चित्रण उनके बाल-नाटकों को एक नवीन अर्थ-भूमि प्रदान करती है। इस क्षेत्र के विशिष्ट बाल नाटक हैं–'लाख की नाक', 'भों भों खों खों', 'कल भात आएगा' आदि।

प्रसिद्ध नाट्यनिर्देशक वंशी कौल ने 'कल भात आएगा' का मंचन किया तो इस बाल-नाटक की गहरी सृजनात्मकता की ओर दर्शकों का ध्यान गया। इसकी अर्थवत्ता ने कई दृष्टियों से सोचने के आयाम भी दिए। यह मान लिया गया कि बाल नाटकों के लिए एक तरह का समर्पण चाहिए। बच्चों के प्राणों में बैठकर ही बाल-नाटक उनकी बात कह सकता है। बाल नाटक और बाल-रंगमंच को जगाने, बढ़ाने में सर्वेश्वर ने ऐतिहासिक भूमिका अदा की है और इस भूमिका को हमें आदर से याद करना चाहिए।

यह कितने आश्चर्य का विषय है कि सर्वेश्वर के कवि, कथाकार, नाटककार एवं निबंधकार की मनोभूमिका में सामाजिक प्रश्नों, सामाजिक चिंताओं की रेखाएँ गहरी हैं। सभी विधाओं में उनकी मूल संवेदना एक है। काव्य की लोक भावभूमि से उपजी चिंताएँ ही नाटकों में उभरती हैं और लोकनाट्य-शैली की ओर वे प्रवृत्त हो जाते हैं। सर्वेश्वर को मानो यह पहचान बराबर रही है कि लोक-मन की बात को लोक-शैली से ही जनता में संप्रेषित किया जा सकता है। सत्ताधारी वर्ग और बुद्धिजीवी वर्ग से सर्वेश्वर को आशा कभी नहीं रही। लेकिन रचना के सांस्कृतिक संवेदन में उनकी आस्था रही और इसी आस्था से वे रचते भी रहे। रचना में किसी जटिल दार्शनिक आधार को गढ़ने के चक्कर में वे नहीं पड़े उनके आसपास का यथार्थ ही या परिवेश ही उनके सृजन में ढलता रहा। इसलिए इस सृजन में न कोई 'फ्राड' है न कोई ढोंग–न कोई अस्तित्ववादी-दर्शन का किर्केगार्दी नगाड़ा बजता है। सर्वेश्वर अपना विकल्प सामाजिक प्रगति और मानव-मुक्ति को ही चुनते हैं और इसी राह से वे जीवन-वास्तव का साक्षात्कार कराते हैं।

–कृष्णदत्त पालीवाल